The Origin of the Enterprise

Jingjin Mode: the methodology to architect the enterprise,
based on the nature of the enterprise

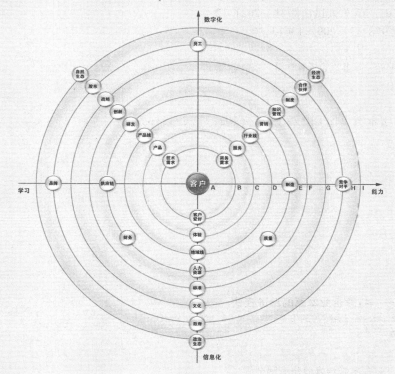

企 业 本 源

——打开企业本源的精进模式

杨恒坤　著

山东人民出版社·济南

国家一级出版社 全国百佳图书出版单位

图书在版编目（CIP）数据

企业本源：打开企业本源的精进模式/杨恒坤
著 . -- 济南：山东人民出版社，2021.12
ISBN 978 - 7 - 209 - 13613 - 6

Ⅰ.①企… Ⅱ.①杨… Ⅲ.①企业管理
Ⅳ.①F272

中国版本图书馆 CIP 数据核字（2021）第 274531 号

企业本源——打开企业本源的精进模式
QIYE BENYUAN——DAKAI QIYE BENYUAN DE JINGJIN MOSHI
杨恒坤　著

主管单位　山东出版传媒股份有限公司
出版发行　山东人民出版社
出 版 人　胡长青
社　　址　济南市英雄山路 165 号
邮　　编　250002
电　　话　总编室（0531）82098914
　　　　　市场部（0531）82098027
网　　址　http：//www. sd - book. com. cn
印　　装　济南万方盛景印刷有限公司
经　　销　新华书店

规　　格　16 开（169mm ×239mm）
印　　张　14.75
字　　数　182 千字
版　　次　2021 年 12 月第 1 版
印　　次　2021 年 12 月第 1 次
ISBN 978 - 7 - 209 - 13613 - 6
定　　价　96.00 元

如有印装质量问题，请与出版社总编室联系调换。

序

企业管理是艺术，是实践，也是科学。

管理的艺术性可以广泛传播，人们津津乐道着一个又一个企业激励人心的故事。管理的实践性促使很多企业埋头苦干。而对管理的科学性，很多企业认识不足，更不会用科学去指导实践。在科技就是生产力的今天，善用管理的科学性才能促进企业生产力的发展。

管理的艺术性首先就是在管理好企业员工的知识、能力、健康、情感和时间的基础上，使每一位员工的创造力得到充分释放，然后管理好创造机会和价值所需要的关键资源要素，并抓住机会，实现价值。

管理的艺术性是实践的产物，是管理者在自然、政治、经济环境下运用直觉、经验、知识、理论和方法论，抓住市场机会，满足客户需求，创造价值的能力。实践是基础，艺术是表象，管理艺术是实践的升华。

管理的科学性是在管理中运用科学的理论

和方法来指导实践，从而保证实践成功。管理的科学性要求企业管理实践必须符合市场客观规律，违背了客观规律企业必败无疑。人类社会进入了信息化时代，管理的科学性开始贯穿到企业的每一个环节。许多企业不缺技术创新的能力，缺的是管理的科学性。

信息化改变了企业的战略、制度和文化，优化了企业组织架构，再造了企业流程，打破了企业纵向、横向壁垒，从而改变了企业组织方式和工作方式。数字化企业能使每一个员工同时在线，也能做到所有的合作方同时在线，随时随地进行数字化链接。管理的数字化使管理可视、可追溯、可评价。管理的系统性、柔性、即时性使企业为客户创造价值的效率大幅提升。

现代企业是管理的艺术性、实践性和科学性的有机统一体，艺术性、实践性和科学性是辩证统一关系。

我曾带领一家国内制冷行业上市公司用了6年时间做到国际领先，然后到了一家以工业软件为主业、并拥有上市公司的企业集团工作，带领公司连续14年保持了两位数增长，在电力物联网、能源互联网领域，部分技术达到国际领先。

结合30多年的企业经营实践，以及对国内外管理理论的研究，我从管理科学性出发，提出了唯有抓住企业本源，打开企业本源架构，才可穿透企业的本质，并于2007年创建了基于企业本源的精进模式。

如果能够把这套理论进行系统整理并上升到方法论，那就可以帮助到更多的人。2019年初，我从企业本源开始动笔，并陆续在不同的组织中进行宣讲，在成书的过程中，也使用这套基于企业本源的精进模式方法论为不同种类的企业和组织开展了不同程度的精进成熟度评估或者管理咨询。

黄海悦女士和张占朋先生先后帮助我组织了部分企业的精进成熟度评估工作，隋建华女士、陈岖䮾先生、王永先生和李科峰先生参与了部分精进成熟度评估工作，感谢他们基于评估实践为精进成熟度评估给出的中肯建议。

黄海悦女士承担了全书的整体编辑整理、校核，以及大部分插图和表格的绘制工作，张占朋先生参与了全书的校对与审核，周常青先生参与了前言、第一章和第二章的整理和校对，本书编写过程中还得到了李小滨先生、陈岖䮾先生、邓发先生、李锐先生、李宏伟先生、聂洪禄先生、裴辉东先生、周德志先生和李科峰先生的支持，没有他们的支持，可能本书的成形将遥遥无期，在此对他们表示衷心的感谢！

本书是精进模式系列丛书的第一本，主要侧重于对企业本源，以及基于企业本源的精进模式进行总体陈述，后续还会出版系列书籍，对数字化企业等内容进行深入阐释。

本书主要面向在残酷的竞争中不断前行的企业家、创业者、企业管理人员，也适用于致力于企业管理研究的相关学者，还可以作为教材用于教学实践。

作者

2021 年 10 月

前言

白天，当我们仰望天空时，看到了光芒四射的太阳。

夜晚，当我们仰望星空时，看到了繁星似锦，看到了浩瀚银河。

古人认为地球是世界的中心，地球是静止不动的，直到15世纪哥白尼提出日心说宇宙模型，人们才逐渐认知了宇宙，发现太阳只是无数个恒星中的普通一员，地球只是太阳的一个行星，是月球的轨道中心。古人把银河想象为天上的河流，称之为"天河""星河"等。天文望远镜发明以后，人们才知道银河原来是由许许多多的恒星聚集在一起形成的，很多星座又形成了银河系。

现代天文学的研究让我们逐步发现：宇宙是由众多如银河系一样的星系组成的，宇宙是有层次架构的；银河系是由众多如太阳系一样的星座组成的，银河系是有层次架构的；太阳系距离银河系中心约2.64万光年，是由众多受太阳引力约束在一起的天体组成的，太阳系也是有层次架构的。

而生活在地球上发现以上现象的人类本身，也是分层次架构的，无论是人的骨骼系统、神经系统、血液系统、消化系统，还是构成人体最基本的单元细胞，都是有架构的：细胞膜、细胞质和细胞核，尽管不同的细胞架构不同，但它们都有架构。

大到宇宙，小到人体细胞，都被自然的力量、自然的规律所架构。

宇宙的形成、太阳系的形成、地球的形成等都有多种学说，包括太阳系的形成大约始于46亿年前一个巨型星际分子云的引力坍缩，地球于45.5亿年以前起源于原始太阳星云，人来自于自然。

世间万物皆有源，企业作为一个组织，它的本源是什么？是否存在企业的本源架构？企业管理者如何基于企业本源和本源架构，来构筑自身的核心竞争力？又如何引领企业持续、良性、高速增长？

目录

第
一
章
　
企
业
本
源

　　企业的本源属性就是生产和交换，是为了人类直接或间接创造价值。

　　企业的本源架构：是以自然生态、政治生态、经济生态为基础，从打开客户需求、为客户创造价值来展开，建立企业组织，实现企业使命。

　　地球的资源是有限的，人的欲望是无限的，地球有限的自然资源无法满足人类无限的欲望。地球的资源是让我们为后代保管的，不是要我们消耗掉的，要常怀敬畏之心，遵守自然规律。企业的发展不能以破坏环境为代价，以破坏环境为代价的发展是违背自然规律的，最终伤害的是人类自己。

一、 社会分工催生了企业

溯本清源，企业是在人类社会进化过程中孕育出来的，从雏形到成型，随时代不断演变，主要是由社会发展尤其是社会分工所决定的。

考古学家、生物学家确定了人类古代有三次社会大分工。

第一次社会大分工发生在原始社会后期，游牧部落从其他部落中分离出来。这次分工，提高了生产效率，产品有了剩余，促进了商品交换。

第二次社会大分工在原始社会末期，手工业从农业中分离出来。随着生产力的发展，特别是金属工具的采用，出现了各种各样的手工业生产，如纺织、榨油、金属加工、武器制造等。这次社会分工使直接以交换为目的的商品生产开始出现，促进了生产规模的扩大和劳动生产率的提高。

第三次社会大分工是随着原始社会的瓦解、奴隶社会的形成，成批的人被集中到田野和作坊去劳动，出现了一个不从事生产而专门从事商业交换的商人阶级。

从三次社会大分工看，第一次社会大分工催生了农场和牧场，产生了以生产粮食和畜类为主的社会组织。第二次社会大分工催生了纺织作坊、榨油作坊、金属加工作坊、武器作坊等，出现了以制造产品类别不同而进行的制造分工。第三次大分工催生了商铺，产生了以交换、贸易为主的商业分工。

人类从原始社会进入奴隶社会，人也变成商品，这进一步促进了人力资源的集中，也进一步提升了生产效率，一部分人摆脱了繁重的体力劳动，专门从事社会管理以及科学文化等活动。

人类从奴隶社会进入封建社会，地主采取收缴地租、雇佣农户、放高利贷的方式，通过拥有土地来剥削和赚钱，以流通交换为主的商业得到了快速发展，出现了大的商行。大地主和大商行产生了管理阶层，从而催生了企业架构的雏形。

人类从封建社会进入资本主义社会，最主要的特征就是工业文明取代了农耕文明，资本主义社会的生产力得到了空前发展，生产效率大大提高，人类社会第一次面对生产过剩的危机。生产力的发展使社会分工进一步加快，催生了各行各业。由手工业转向工业文明最主要的特征就是工业出现了工序分工，并且最复杂、体力最重的工序一步步由机器代替了人。生产的社会化和工序分工，使得每一个人都靠交换来生活，工商业得到了飞速发展，形成了商业文明，从某种程度上讲，每一个人都是商人，而社会本身也成为一个全面的商业社会。

工业文明和商业文明构成了现代文明。工业文明是机械文明，用机械代替了人的工作，包括现代的机器人。工业文明使物质极为丰富，人们从体力劳动中解放出来，能有更多闲暇来享受生活，能有更多时间去探索世界和未来。商业文明就是公平公正的契约精神，商业文明也推动整个社会建立起了契约精神，可以说现代社会就是契约社会，法治社会的基础也是契约精神。现代社会的商业文明又推动了科学的爆发式增长，产生了科技文明，未来科技文明会继续改变我们对宇宙的认识，让人类脱离地球和太阳系，进入遥远的太空。

二、 企业本源属性

在现代社会里，任何人都离不开他人的合作和帮助。企业成为了社会的一个阶层，也是构成现代社会的主要组织之一。现代企业可以说是人类社会历史上最伟大的发明之一。尽管企业千差万别，精彩纷呈，但企业的本源就在那儿，无论创造了多大的奇迹，也改变不了企业的本质和属性。

从企业的发展过程可知，**企业的本源属性就是生产和交换**。"生产"随着生产力发展而进化，企业无论生产的是产品、服务还是体验，都是为了满足社会需求和客户需求，满足不了需求的"生产"没有任何意义，都是浪费。"交换"一方面使企业提供的产品、服务和体验的价值得以实现，另一方面可以换回企业需要的设备、原材料等一切需要的资源，交换的过程既满足了社会和客户需求，又满足了自身需求。

三、 企业随着工业革命不断发展

自然规律和经济规律催生了社会分工，推动着生产力的发展，产生了各行各业。每一个行业都有其潜在的运行规律，又受政治生态的影响和制约。

人类对商品的需求产生了商品市场，商品市场促进了更大范围的商品交换，商品交换决定了各行各业的分工，从制造业更容易看到分工的现象。

在工业革命前期，纺织业作为解决人类基本需求之一"穿"的行业而率先繁荣起来，既产生了大规模棉花种植业，又产生了制针业。在家庭作坊和手工业时期，一个熟练工人一天也很难造出 20 枚针，但是制造业在社会分工的推动下，产生了工序分工，形成了新型制造企业，一枚针的制造分为 18 道工序：一个人抽铁丝，一个人将铁丝拉直，一个人截断，一个人去毛刺，一个人削尖铁丝一端，一个人磨另一端，一个人制作针头，包括安装针头、表面涂白、最后的包装等等，有时候一个人也负责 2～3 道工序，通常 10 个工人每天就可以造出 48000 枚针，也就是平均每个工人一天能造出 4800 枚针，是工序分工前的 240 倍。

在交换和社会分工的推动下，科学技术是从生产领域产生变革引起的，是从机器的诞生开始的，科学技术的发展催生了工业革命，工业革命也推动了科学技术的持续发展。

第一次工业革命

第一次工业革命于 18 世纪从英国发起，以蒸汽机作为动力机器被广泛使用为标志，它开创了以机器代替手工劳动，也开启了以蒸汽机为代表的"机械化"。

第一次工业革命大约进行了 100 年，在这个过程中，因为传统手工业无法适应机器生产的需要，所以机器生产逐渐取代了工业生产中的手工操作，极大地提高了劳动生产率。它是一场深刻的社会变革，推动了经济领域、政治领域、思想领域、世界市场甚至是世界自然环境诸多方面的变化和变革，率先进行工业革命的英国成为了全球霸主。

为了更好地进行生产管理，提高效率，资本家开始建造厂房，安置机器，雇佣工人集中生产。这样，一种新型的生产组织——工厂出现了，工厂成为工业生产最主要的组织形式，不仅提升了生产管理水平，也大大提高了生产效率。机器生产的发展还促进了运输事业的革新，可以更快捷便利地运送货物、原料，进一步促进了商品交换的发展，开始形成全球市场。

第二次工业革命

第二次工业革命由美国和德国引领。19 世纪六七十年代，人类先后发明了电动机、内燃机、电灯、电话、电车、电影等，全球开启了第二次工业革命，进入了"电气化"时代，最主要的标志是机器的自动化。

第二次工业革命极大地推动了社会化大生产，促使生产和资本集中，生产和资本集中到一定程度便产生了垄断，垄断不仅仅在生产领域，还包括在流通和交换领域。垄断组织的出现，使企业规模进一步扩大，劳动生产率进一步提高，垄断组织的出现是生产力发展的结果，也一定程度促进了生产、流通、交换的发展。同时，垄断组织为了攫取更多的利润，越来越多地干预国家经济、政治生活，资本主义国家逐渐成为垄断组织利益的代表者。

第二次工业革命对人类社会的经济、政治、文化、军事、科技、环境和生产力产生了深远影响，尤其是第二次工业革命以后，确立了美国的霸主时代，其影响和干预延伸到全球各个角落。

第三次工业革命

第三次工业革命由美国引领，也被称为科技革命，从 20 世纪四五十年代开始，涉及信息技术、新能源技术、新材料技术、生物技术、空间技术和海洋技术等诸多领域，展开了以信息控制为主的技术革命，人类进入了"信息化"时代。

第三次工业革命人类发明了能毁灭自身的原子弹、氢弹，也发明了卫星和宇宙飞船，人类第一次进入了太空，踏上了月球。更重要的是计算机芯片技术的发明和发展，对人类社会和企业形态带来了颠覆性影响，推动了诸多领域的革命。

20 世纪 40 年代后期，人类发明了第一代计算机——电子管计算机；1959 年出现了晶体管计算机，运算速度每秒在 100 万次以上；六十年代中期发明了许多电子元件和电子线路，集成在很小面积上的集成电路每秒运算达千万次，它满足了一般数据处理和工业控制的需要，七十年代发展为第四代大规模集成电路；1978 年计算机每秒可以运算 1.5 亿次；八十年代发展为智能计算机，每隔 18 ～ 24 个月芯片性能就会提升一倍，也就是"摩尔定律"；2016 年中国神威太湖之光超级计算机达到了每秒 9.3 亿亿次。计算机的快速发展又推动了互联网的发展，互联网打破了众多企业、行业的边界，也打破了国界，使信息交换在全球任何一个角落都方便快捷。

在信息化时代，科学技术就是生产力，信息化不仅大大提高了生产和交换的效率，同时对从事生产和交换的人的素质提出了更高要求，社会的各个层面知识工作者的数量大大增加。

信息化甚至对人类的衣、食、住、行、用各个方面引起了重大变革，更是极大地推动了人类社会的经济、政治和文化领域的变革，包括现代战争也被称为"信息化战争"。

信息化进一步加强中心化的同时，又产生了去中心化的趋势。信息化对企业带来的最大的变化是企业成为科技创新的主体，企业不论是生产水平还是管理水平都得到了质的提高，企业生产由机器自动化走向生产过程自动化，企业管理也在信息化支持下走向了自动化。

如果仅从企业生产角度评价，第一次工业革命是机械化，第二次工业革命是电气化推动了机器自动化，第三次工业革命是信息化推动了生产过程自动化。

第四次工业革命

第四次工业革命是以人工智能、芯片技术、机器人技术、量子信息技术、虚拟现实、5G、物联网、大数据、智慧云、生物技术、神经技术、纳米技术、核聚变、清洁能源等为内容的全新的技术革命。

随着第三次工业革命的推进，社会分工进一步细化，专业技术越来越细化，行业越来越多，尤其是新专业、新行业如雨后春笋。本专业的突破来自于外专业、本行业的突破来自于外行业，科技创新更多的是跨专业、多专业合作，跨行业、多行业合作，科技创新的技术复杂度和管理复杂度都大幅度提高。如果说生产效率大幅度提高依赖于流水线，今天的科技创新既要有工匠精神，也要有在本专业和跨专业的流水线式的快速开发，还要有在本行业和跨行业的流水线式的高度协同。第四次工业革命不仅仅是众多专业、众多行业的合作，更是跨地域、跨国家的全球性协作，第四次工业革命应该叫做"第四次科技革命和管理革命"，就如同现代战争是太空、海空、陆地一体化战争一样。

第四次工业革命推动人类进入"智能化"时代，它在前三次工业革命的基础上进化而来，是"机械化＋电子化＋互联网＋物联网＋人联网"。人联网是指随着生物芯片、纳米机器人的发展，人体走向数字化，人与物可以互联互通，人与人可以互联互通，不是通过电脑、手机，而是通过生物芯片、人体特征信息和可穿戴设备，智能的互联互通。

第四次工业革命对全球自然环境、政治生态环境、经济生态环境都带来了颠覆性的影响，也改变了人类基本需求的满足模式和行为模式。

人类的自私和以自己国家优先的做法，成为了本次工业革命最大的障碍。全球发展进入了阶段性的瓶颈，生存在地球上的人类进入了一个转型模式，不转型，人类社会的发展就会陷于停滞甚至是混乱。这就如同我们今天所面临的自然环境的快速恶化：我们挖掘了煤矿，砍伐了树木，开采了石油，发明了核能，人们的物质生活得到了极大的提高，人口增长一步一步达到了地球可以容纳的极限，但人类污染了空气，破坏了水质，对大地过度贪婪地索取，破坏了地球自然生态，也注定了无法再持续地发展下去，必须要转型。

四、 企业本源架构

企业要实现"生产"和"交换"，就需要具备以"交换"为主的营销部门、以实现"生产"所需要的设计、采购、制造、资金等，而以上的活动都必须以保证质量和安全为前提，所有的工作都是人来安排完成的，这就构成了企业的本源架构：营销、设计、供应链、制造、财务、质量、人力资源以及厂房、设备等各种工具。

企业不是孤立存在的，需要面对自然生态、政治生态和经济生态，还需要承担社会责任，这也在一定程度上决定了企业的本源架构。

自然生态决定着企业本源架构：自然创造了人，人随自然演变而进化，自然也能毁灭人。地球是孕育人类的母亲，但地球的资源是有限的，人的欲望是无限的，地球有限的自然资源无法满足人类无限的欲望。地球的资源是让我们为后代保管的，不是要我们消耗掉的，要常怀敬畏之心，遵守自然规律。企业的发展不能以破坏环境为代价，以破坏环境为代价的发展是违背自然规律的，最终伤害的是人类自己。人来自于自然，依赖于自然，人对环境的保护就是保护自己。人类在用智慧和劳动改变自然的同时，必须践行绿色发展观，敬畏自然，爱护自然，不过度开发和利用资源，为子孙后代留下一个赖以持续生存与发展的自然生态。

从自然生态看，第四次工业革命首先就是能源革命，风电、光伏、生物质电、水电等清洁能源逐渐替代传统的能源（煤和石油）。关键还是人们思维的转变，从设计开始就要考虑符合自然生态的要求，零排放或者少排放。能源革命就是绿色革命，就是可持续革命。也许在第四次工业革命中，人类可以制造出"人造太阳"，核聚变能源持续稳定使用可以彻底解决人类能源危机。

政治生态决定着企业本源架构：政治生态就是指建立在一定经济基础之上的社会意识形态以及相应的政治、法律、制度和组织设施，通称为政治的上层建筑。政治生态受宗教信仰、文化、经济、自然、地理、环境等多因素影响，它不仅决定了社会是否稳定（例如现代战争不是为经济就是为政治），还决定了企业的产权制度、思想和文化等。政治生态的变化会对经济乃至社会各个方面带来关联变化。企业无论处在什么社会发展阶段，不受政治影响是不可能的，适应政治生态是现代企业健康稳定发展的基本维度之一。企业所处的国内政治生态是企业立足的根本，企业所处的国际政治环境关系到企业国际化可以达到的程度。

经济生态决定着企业本源架构： 经济生态按经济规律推进着企业的产生、成长和演变的过程，从原始社会的原始自然经济到奴隶社会的剥削经济，从封建社会的小农经济到资本主义社会的工业经济，企业随着社会经济生态的演变、在生产力推动下不断进步，也在推动着生产关系走向文明社会。

由于各个国家经济发展差别巨大，每个国家经济诉求不一样，而目前全球经济实际处于不可持续状态，全球产能过剩与相对需求不足的矛盾进一步加剧，超前的消费使国家负债、个人负债超出了正常良性循环水平，造成消费能力出现压迫式的下降，进一步加剧了企业产能过剩，造成了企业负债大幅增加，经济需要重新洗牌，货币需要重新洗牌，决定了全球需要重新建立新的规则，需要建立新的经济秩序。全球产能过剩与相对需求不足、复杂多变、不确定性多是当下经济生态的主要特征。

在这种经济生态下，企业靠以前的资源禀赋很难生存，企业必须从思维方式和战略层面进行转型，企业的组织架构必须有能解决未来发展成长的组织部门和专家，企业核心业务流程不仅仅是维持现有业务成长，更重要的是能打破现有瓶颈，创新、知识管理、标准必然成为企业组织部门和核心主流程的一部分，企业也成为知识型、数字化的企业。

企业的本源架构：是以自然生态、政治生态、经济生态为基础，从打开客户需求、为客户创造价值来展开，建立企业组织，实现企业使命，如图1.1。

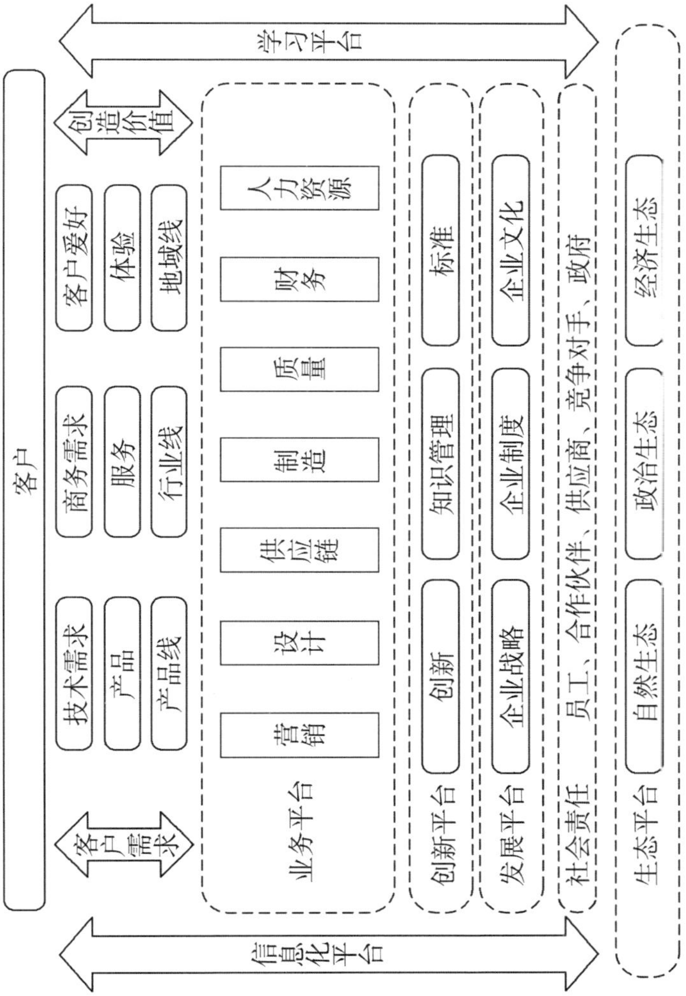
客户
学习平台
创造价值
客户需求
技术需求
商务需求
客户爱好
产品
服务
体验
产品线
行业线
地域线
业务平台
营销
设计
供应链
制造
质量
财务
人力资源
创新平台
创新
知识管理
标准
发展平台
企业战略
企业制度
企业文化
社会责任
员工、合作伙伴、供应商、竞争对手、政府
生态平台
自然生态
政治生态
经济生态
信息化平台

图1.1 企业本源架构图

第二章 — 基于企业本源的精进模式

精为极至，进为进步。精进就是精确创新，持续进步。

"精进模式"是一种基于企业本源和本源架构的方法论，它架构了企业整个生态系统。

打造三线矩阵，可盈利地满足客户需求，为客户创造价值，与客户共同进步。

企业的一切活动以客户为中心，客户是企业存在的唯一理由。

自然生态、政治生态、经济生态是企业产生及演变等一切过程的基础，满足生产和交换的社会需求是企业存在的意义，而社会需求构成了社会市场，市场是由一个个客户需求集聚而来的，因此，客户是企业存在的唯一理由，即使是做公益的企业，也要知道它的客户在哪里。无论是提供产品、服务的企业，还是提供体验的企业，不管是为了盈利，为了公益，还是为小众利益创造需求，都是在为人类直接或间接创造价值。

企业的本源属性和本源架构，注定了企业的一切活动，从战略、制度、组织架构、业务流程甚至是企业一切资源的配置，都要随客户需求变化而变化，必须以客户为中心，打开客户需求，根据生态环境条件和自身的禀赋，培育好企业的战略、制度和文化，建立企业的组织架构，打造好企业的核心业务流程，为客户、股东、员工、供应商和社会创造价值。做不到，就会被市场淘汰，被客户抛弃。

适者生存，优胜劣汰。企业实践早已证明：一个企业的营销方法、专利和技术等，都可以被模仿和学习，不足以支撑起企业的持续成长，构不成真正的核心竞争力，只有抓住了企业本源，以客户为中心，找到适合企业特质的方法论，建立起适应竞争的经营管理模式，伴随着全员的学习和持续提升，从理念和战略到组织架构和制度流程，从决策、目标、计划、实施、协同、监督、改进、标准化等各个维度进行科学有效的管理和创新，才能建立企业的核心竞争力，才能使企业成为百年老店，甚至成为领先的国际一流企业。

一、 "精进模式" 的基本概念

精为极至，进为进步。精进就是精确创新，持续进步。

"精进模式"是一种基于企业本源和本源架构的方法论，强调以客户为中心，精确识别客户需求，在为客户创造价值的基础上，可盈利地满足客户需求，与客户共同进步。

"精进模式"倡导企业通过敏锐感知所处的自然生态、政治生态、经济生态，进行精准的战略布局、制度搭建和文化引领，关注整个价值链的构筑，帮助企业打造出一个可靠、简洁、适用、健壮的生态体系，保持企业的持续、良性、高速增长，并更好地承担社会责任。企业基于产品、服务、体验三大核心战略，通过三线矩阵进行战略解构，系统地搭建企业核心业务平台，进行全方位的创新，借助基于业务流程的全体员工的学习能力，以及高效信息化、数字化的工具，使企业的核心业务流程纵向到底，横向到边，打破壁垒，协同高效。

二、 "精进模式" 主模型图解析

"精进模式" 主模型图如图 2.1 所示，体现了精进模式的内涵，现解析如下。

A 环：以客户为中心

企业的一切活动以客户为中心，客户是企业存在的唯一理由。

客户是企业价值的最终决定者，是企业真正的利润中心，客户为企业生存提供了必要条件。企业只有定位好自己的目标客户群体，才能够定位出明确的目标市场，这样也就找到了企业生产经营活动的中心。

每个企业都会开展各种各样的生产经营和创新活动，只有当这些活动都在围绕着目标客户和目标市场进行时，才会为企业带来显性的收益。完全脱离目标客户这个中心的市场开拓和内部生产运营与创新都是盲目的，都将带来或多或少的浪费。

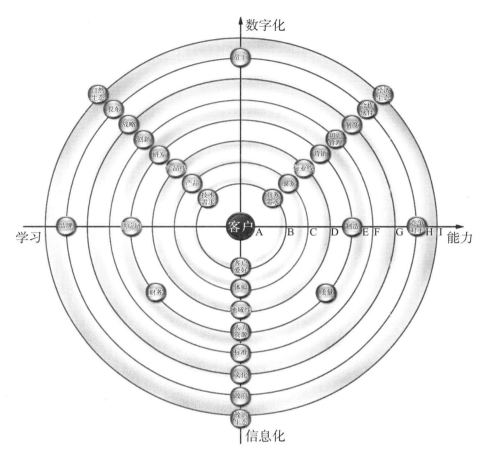

图 2.1　精进模式主模型图

B 环：精确识别客户需求

精确识别客户需求，就需要从打开客户需求开始，并把需求向内分发。

企业想要获得更多的客户，就必须具备打开客户的能力。那么如何打开客户呢？首先要从精确识别并打开客户需求开始。具备了精确识别并打开客户需求的能力，才能获得客户的信赖，才能与客户发生共鸣。

客户需求包括：客户的技术需求、商务需求和客户爱好。

客户的技术需求：通常指客户对于精度、数量、功能等基本的技术要求，性能需求与质量需求也是技术需求的一部分。

客户的商务需求：通常要包括客户所获得的产品和资产的全生命周期中的商务需求，也就是说除了产品和服务的一次性投资外，还要包含客户需要付出的服务成本和运行成本。

客户爱好：通常既体现在客户对于技术指标和商务价格这类容易量化的基本需求，也体现在不易被量化的客户欲望和心理需求，但往往能够真正增加企业独特吸引力的也正是客户爱好。打开客户需求的过程要兼顾客户方的组织利益和个人利益。企业要把客户的知识、经验、欲望和心理需求都作为企业重要的资源。

打开客户需求不是目的，关键是要将客户的需求向内分发。把客户的技术需求向内分发转化为企业的研发流程、技术参数和标准，把客户的商务需求向内分发转化为管理和服务流程，把客户爱好和心理需求向内分发转化成客户对企业品牌的喜爱。在企业利益与客户的组织利益、个人利益之间找到最好的平衡点赢得市场机会。企业的一切活动，甚至于运营模式都需要建立"随需而变"的能力。

没有两家完全一样的企业，但打开客户需求的方式方法是共通的，真正掌握了打开客户需求的方式方法，就能打造一个持续增长的模式。

C 环：为客户创造价值

企业通过为客户提供最优的产品、最佳的服务、最好的体验，来为客户创造价值。为客户创造价值是企业作为一个社会组织的使命。企业存在就是为了创造客户，在为客户创造价值的同时，也为社会创造了财富，这也正是企业存在的价值。

企业需要通过研究客户的总成本，分析客户在使用产品、服务和体验后的终生价值，才能知道如何为客户创造价值。客户侧的成本通常包括：一次性投资、服务成本和运行成本。一次性投资、服务成本和运行成本往往也决定了客户在相同市场条件下的盈利能力，只有客户盈利，企业才有可能取得已支付成本应得的报酬，企业才能获得存在的价值。企业交付产品、服务和体验不是一次性行为，只有让客户在使用过程中持续获得积极的体验，为客户创造增值价值，这样才能打造出具有自己特质的领先优势，企业才能持续获得商业机会。

D 环：打造三线矩阵，可盈利地满足客户需求

"三线"指产品线、行业线、地域线。

企业准确理解并懂得打造产品线、行业线、地域线的三线矩阵，是践行"以客户为中心"，实现从"精确识别客户需求"到"可盈利地满足客户需求"的必由之路。基于三线矩阵部署网状的客户价值捕捉机制，实现精确识别客户需求，通过随需而变的内部业务流程，确保企业在恰当的时间，以恰当的价格，把恰当的产品、服务和体验提供给客户，最终可盈利地满足客户需求。

产品线：这里的产品包括产品、服务和体验。来自不同行业线、地域线的客户需求，决定了产品线的规划和发展战略。企业要对产品线进行分类，对产品生命周期进行诊断，制定好产品战略尤其是新产品战略，持续推动产品升级和迭代，打造出满足不同行业和地域需求、真正有竞争力的核心产品和能够真正去竞争未来的新产品。

行业线：确定了企业的业务范围和业务战略，决定了客户需求的最大差异，决定了企业一切活动所要满足的最核心的客户需求。要对行业进行分类，打开不同行业间的需求差异，把握同一行业的共性需求和潜在变化规律，遵守共性的标准和规则，遵循同样的发展规律和生命周期。

地域线：按地域进行客户分类，例如可以分为国内市场和国外市场，然后针对国内市场进一步细分到区域、省、市等，国外市场也可以进一步细分到区域和国家等。不同地域的客户有着不同的地理条件、气候特征、经济环境、市场规则、知识背景、语言文化、行为习惯等，这些决定了不同地域须提供的产品的功能、成本、可靠性、质量等会存在差异。

企业基于对客户的洞察力设计正确的商业模式，针对具体的产品线、地域线和行业线，科学合理地进行目标市场选择和市场定位，通过深入挖掘细分市场客户价值，形成企业的行业差异化、产品差异化、地域差异化的优势，把企业的有限资源快速地向盈利的行业、产品和地域集中，打造能够持续盈利的三线矩阵模式。

E 环：精进业务平台，业务流程的起点和终点都是客户

生产与交换的本源属性决定了企业的本源业务架构，精进业务平台由精进营销、精进研发、精进供应链、精进制造、精进质量、精进财务、精进人力资源七大职能板块构成。

业务流程的起点和终点都是客户，企业需要基于核心业务流程建立健全适用的业务平台，优化组合业务流程，搭建合理的组织架构，细化量化工作职责，合理分权和授权，建立科学合理的绩效考评体系，使人、财、物各要素得到有效控制，物流、资金流、信息流、数据流准确一致，从而更好地支撑企业战略的落地，支撑企业可盈利地满足客户需求，助力企业提升业务效率和规模运作。

F 环：精进创新平台，为企业创造增值价值的源泉

精进创新平台由创新、知识管理和标准三要素构成。

创新是推动企业持续发展的核心驱动力。企业创新是全方位的创新，

指创造客户需要的崭新价值，而不仅是新事物或新产品，还可以是新服务、新体验等。创新的主要判断标准为是否契合客户需求、客户愿不愿意购买，而不是产品或技术是否先进、是否新颖。创新是系统规划的成果，企业必须强化创新意识，建立起创新文化，必须对创新的战略和资源、创新的流程和制度、创新的风险和回报率、创新的速度和周期、创新的质量和成果进行管理，必须打造可盈利的、超越经济周期的、超越产品和技术周期的创新模式，只有持续不断的创新才能使企业的经营活动始终是盈利的，才能使企业在市场竞争中取胜。

知识是一种能量，是一种安静、清洁而有效的能量，经验、专业技术和知识可以转化为产品、服务和体验。知识工作者是创新型企业的最大财富。知识工作者拥有的知识是创新的基础保障，必须系统架构基于业务流程的知识管理体系和工具，通过对知识的管理、积累、传承来减少企业试错的成本、创新的风险，以知识为基础工具来释放潜在的获利能力，并将其转变为企业利润增长新的重要来源。

标准是经相关方协商一致制定并经一个公认机构批准的、共同使用和重用的规范化文件，是衡量行为或结果的依据和准则，是一定范围内共同遵守的秩序。标准有国际标准、区域标准、国家标准、行业标准、专业标准、地方标准、企业标准等之分。企业的产品、服务和体验只有符合相关标准才有资格参与市场竞争，制定标准的企业一定程度上会成为市场竞争的主宰者。企业既要跟上各类标准，更要积极争取成为行业标准、专业标准等相关标准制定的参与者，甚至成为主导者，这样才能不断提升档次，成为一流企业。

G 环：精进发展平台，企业持续发展的基础和稳健运行的保障

精进发展平台包括企业战略、企业制度和企业文化。企业战略、企

业制度和企业文化是支撑企业可持续发展的基石，企业要获得长期稳定的运行，不能依赖短时间或者某几次的成功商业行为，更多需要从企业的基础运营平台来架构。

企业战略是企业的行动纲领，确定了企业运营的目标和方向，战略错了企业就没有未来。

企业制度是行为准则，是企业运营的刚性约束和稳健运行的保障。

企业文化是企业共同价值观的集中体现，是凝聚企业资源的根本力量。

企业战略、企业制度和企业文化扎实有效的实施，能够促进精进各业务的有效推进和协同运作。

H环：社会责任平台，理性竞争合作共赢

企业的本源决定了企业必须承担相应的社会责任，企业在为客户创造价值的过程中，为员工创造了成长和发展的机会，为股东创造了财富，与合作伙伴及供应商合作共赢，与竞争对手共同营造良性竞争的行业环境并共促发展，为社会增加就业岗位，也更好地为社会承担责任并为社会的可持续发展贡献价值，通过这个过程，企业也树立了自身的品牌，未来企业的价值必然体现在品牌价值上。

社会责任的根本是和谐多赢，要求企业在竞争中始终保持理性竞争，竞争的结果不仅仅是你死我活，更多是协作、共同提升，联合乃至战略合作。

I环：精进生态平台，关系企业的可持续发展

精进生态平台包括：自然生态、经济生态和政治生态。

自然生态、经济生态和政治生态共同构成了企业发展的外部大环境

约束，决定着企业的中长期战略规划走向，三者相互关联。保护自然生态，把握经济生态，适应政治生态，是企业可持续发展的道义遵循和现实必然要求。

自然生态：企业要发展要盈利是天经地义的，但在盈利之上不可逾越的天条就是——"珍爱环境，节约资源"。珍爱环境就是珍爱自己，节约资源就是让人类存续得更久。企业必须将"天人合一""道法自然"理念融合于企业的愿景、战略、制度、文化和管理，将"环保"、"节能"、"智能"和"安全"等要素贯穿于产品设计和工程服务的过程中，为客户创造价值的同时，为打造绿水青山、宜居宜业、可持续的自然生态做出贡献。

政治生态：企业必须严格遵守政治在宪法、法律等方面形成的各种规则，对其所面对的国内外政治生态有正确的认识、理解和把握，保持清醒的政治头脑和政治定力，适应好政治生态，懂得在讲政治的前提下去创造价值。企业如果参与政治博弈，妄图改变政治生态就是在赌命。

经济生态：包括国际、国内和区域经济生态。在全球经济一体化的大趋势下，国际、国内和区域经济生态的相互影响度不断加深，中美等大经济体的国内经济生态的变化直接影响到整个国际经济生态。企业需要跟进和把握好国际、国内和区域经济生态的持续变化，评估清楚其对行业、市场、供应链、成本等带来的影响，及时做好应对和风险防范，在不确定性中尽可能地去分析、把握住发展规律和未来趋势，顺势而为，不逆势而行。

自然生态、政治生态和经济生态三者是互相关联的：自然创造了人，产生了政治和经济。政治生态是由自然规律和经济规律决定的，又对自然生态和经济生态有反作用。自然生态和政治生态的竞争往往也是为了经济生态。经济生态对自然会有重大影响甚至会改变自然。

横轴：精进学习平台，打造基于业务流程的学习与能力

横轴左端是"学习"右端是"能力"，横向贯穿精进模式图，代表着学习与能力贯穿精进模式全业务过程。

未来的企业竞争将演变为创新能力的竞争、知识创造价值的速度竞争、行业标准、技术标准以及各种知识产权的竞争，企业的脑力工作者也大幅度增加，企业的成长必然是由企业员工的学习能力决定的，要求企业员工通过基于业务流程的学习，具备识别和打开客户需求，为客户创造价值的能力。企业的学习能力决定了未来的竞争能力和成长能力。

纵轴：精进信息化平台，实现数字化企业

纵轴下方是"信息化"，上方是"数字化"，纵向贯穿精进模式图。

企业信息化本质上是企业管理的变革，而且将贯穿于企业架构各个业务，通过各种现代信息技术的应用来促进企业业务流程再造、管理升级、效率提高，促进整个价值链的协同运作，打造企业信息化支撑下的流程管理和数字化决策，最终实现对客户、对市场的快速响应，在这个过程中，企业信息化的方向是全面实现企业数字化。

三、"精进模式" 特质解析

（一）基于企业本源，以客户为中心

精进模式来自于对企业本源的思考，体现出"客户是企业存在的唯

一理由"的科学论断，明确了企业"以客户为中心""企业的一切活动以客户为中心"的本质要求，让企业有清醒的认知和判断，保持正确的方向。

精进模式打开了企业本源，真正以"精确识别客户需求""可盈利地满足客户需求""为客户创造价值"为主导，以为社会创造价值为使命，强调"流程的起点和终点都是客户"，从企业发展理念、战略到科学运营、管理进行了整体架构和设计，以信息化、数字化为支撑，通过全体员工的共同参与，不断增强各个层面打开需求能力、创新能力、经营能力、管理能力，推动企业高质量发展，为企业提供了从精确创新、持续进步到卓越高效的遵循，提供了循之可成、行之有效的方法，是企业为客户创造价值的系统解决方案。

（二）基于企业本源架构，具有系统性和平台性

基于企业本源架构，精进模式是对企业生态系统的整体架构，既包含企业内部的生态系统，也包含和企业外部生态系统的互动。精进模式不仅仅关注某个方面或某个点的创新，更多关注系统性的创新。

基于企业本源架构，精进模式是对企业运营平台的系统架构。精进模式不是静态的，而是关注整个系统的良性运行和可持续发展。每个企业可以根据所处的不同阶段，来有选择、有重点、循序渐进地从基础平台开始逐渐完善，持续改进。除了要关注每个业务职能板块的平台建设，抓住本业务职能板块的关键流程外，还要关注业务职能板块之间的相互作用，特别是抓住跨职能、跨部门的流程和接口，七大核心业务职能板块的关键接口详见图2.2。企业各个业务职能板块间要互联互通，互相作用又互相支撑，进而形成一体化的精进大平台。

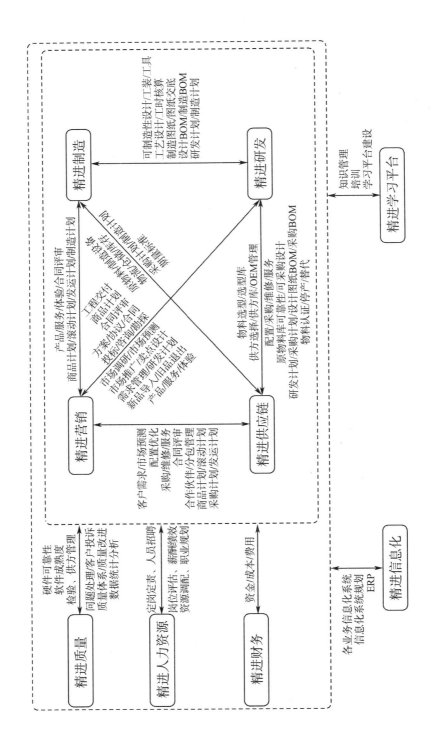

图 2.2　精进核心业务职能板块接口图

（三）随需而变，持续进步

企业的一切活动来源于客户需求，以需求来驱动，企业需要通过识别与满足客户需求为社会创造财富。但是客户需求总是会变的，所以企业的一切活动，甚至运营模式都需要建立随需而变的能力。随需而变并不意味着对客户需求的盲从，企业的一切决策要兼顾好各方的需求平衡，例如：企业生存需求与发展需求，企业需求与员工需求、利益相关方的需求，竞争的需求，边界与限制条件等，企业通过在企业利益与客户的组织利益、个人利益之间找到最好的平衡点来赢得客户的认可，从而赢得更多的市场机会。

精进模式强调流程化和标准化，但并不表示僵化，企业需要根据需求和竞争环境进行动态变化，通过工序流程管理，对标准和流程进行持续改进，增加业务流程的柔性和市场响应能力；通过成体系推进的质量管理与可靠性工程，对产品和服务进行质量改进；通过有计划地对企业组织架构、运营质量、企业风险、企业战略和发展进行管理，持续提升企业运营质量和抗风险能力。

企业要通过总结社会发展和技术进步的规律及趋势，结合自然生态、政治生态、经济生态的变化，分析和把握客户需求变化的规律，真正做到随需而变，持续成长。

第三章 企业战略

　　企业战略的核心是客户，战略是否成功不在于主观意识，也不仅简单地在于执行，而在于战略本身是否满足了客户需求和契合了市场发展规律，这也是战略得以成功的前提和基础条件。

　　产品、服务和体验是真正触及企业本源的三大核心战略。

　　建立三级计划四级管理。

企业战略是一个企业的基本指导思想，是一系列竞争性活动和业务方法的组合。在充分竞争的大市场环境下，忽视战略的重要性，企业就是在进行一场毫无准备的战争，结果是可想而知的。远大的企业战略能够激发组织成员的想象力、创造力和内驱力，而这正是整个时代真正需要的。

一、 企业战略的基本概念

（一）企业战略的定义

企业战略是指企业依据所处的经济环境、政治环境和自然环境的现状和变化，根据企业本身具备的内部资源和一切可以依靠的外部资源，从而确定服务的行业、地域和客户群，选择适合的产品、服务和体验，来满足客户需求，并进行战略解构、战略布局，紧紧围绕战略关键路径推进实施，打造企业持续成长和持续盈利的能力，创造企业持久的竞争力。

企业战略更多着眼于构筑长期竞争优势，获得持续的卓越绩效，制定出一系列的行动计划来使企业达成远大的目标，它决定了企业向着什么方向发展，聚焦于哪些市场和顾客的需求，以什么方式展开竞争，通过哪些路径分配企业所拥有的资源。

（二）企业战略的核心

客户是企业存在的唯一理由，企业经营和发展必须以客户为中心，满足客户需求。所以企业战略的核心是客户，战略是否成功不在于主观意识，也不仅简单地在于执行，而在于战略本身是否满足了客户需求和契合了市场发展规律，这也是战略得以成功的前提和基础条件。

离开客户谈战略就是伪命题，是把战略与其它管理要素混淆了。战略是否正确，一定是结果导向，凡是不能满足客户需求，或者违背市场经济发展规律甚至违背人性的战略就是一句没有意义的口号，不要把口号当成战略。真正的企业战略是在满足客户需求的实践当中，在适应市场规律的过程当中制定的。例如线上交易模式之所以受到了客户的青睐，是因为通过线上交易平台的搭建，缩短了商品流通渠道，减少了中间商，大幅度降低了交易成本，客户得以购买物美价廉的商品，企业也获取了合理的利润，这样完全契合了客户的需求和市场经济发展的规律。

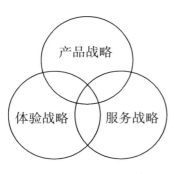

图3.1 企业三大核心战略

随着社会的发展，产品即服务，产品可以当成服务卖，服务可以当成产品销，在互联网兴起过程中，体验又成了关键。产品、服务、体验正是企业满足客户需求，实现企业价值的实际载体，产品、服务、体验是企业战略的核心，只有这三者才触及企业的本源，所以企业最根本的战略就是产品战略、服务战略、体验战略，企业三大核心战略如图3.1。

（三）企业战略的构成

对于已有一定规模的企业来说，企业战略可以在企业内部按层级分为公司战略和职能战略如图3.2。

公司战略是对企业的顶层设计，职能战略则是对顶层设计的解构，用来把公司战略更好地落地执行。职能战略具体包括：营销战略、研发战略、供应链战略、制造战略、财务战略、质量战略、人力资源战略和信息化战略。

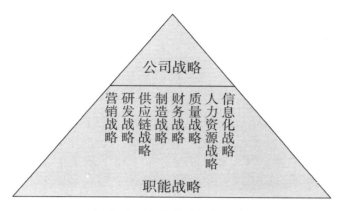

图 3.2　企业战略解构层级

二、　企业战略管理六步法

虽然都明白战略的重要性，但是战略制定的复杂程度极高，绝非易事。企业既要以客户需求为中心，也要根据企业整体所处的经济环境、政治环境和自然环境的现状和变化，还要根据企业自身资源禀赋和可以利用的外部资源，经过综合判断才能准确制定战略，而且即使制订出了一套完美的战略也未必能很好地实现落地。那么，怎样才能让企业驾驭好战略，让战略既不要因为不知所措而成为烫手的山芋，又不要因为过于远大和完美而让人望而生畏？

战略是有科学性的。企业作为一个组织发展到今天，对于企业战略的准确定位和有效执行已经形成了一套科学的方法，以这套方法来支撑企业战略的制订和落地。精进模式定义了战略管理六步法：战略分析、战略目标、战略计划、战略实施、战略控制和战略优化，用这样一套科学的战略管理流程来指导企业战略的制定和落地。

战略管理六步法如图 3.3，从战略分析开始，基于对环境、客户、竞争者及价值链等的分析，企业进行战略选择和定位，从而确定企业的战略目标，依据战略目标再进一步解构并制订出战略计划，而后进行实施、跟踪和落地，过程中进行必要的控制与反馈，最后还要对整体战略进行评价、改进和升级做为后续战略分析的输入，这就是战略管理的流程，而且是一个不断滚动优化的过程。

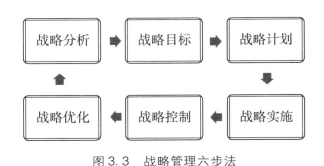

图 3.3　战略管理六步法

（一）战略分析

战略选择的好坏貌似取决于个别领导者决策时的果敢、智慧和运气，实际上支持领导者做出明智决断的，是前期看不到的大量细致的战略分析，这种战略分析通常需要基于一个大的企业生态系统来进行思考，也就是说首先要基于企业所处的经济环境、政治环境、自然环境来进行分析，同时要把与同处在一个生态系统中的客户、竞争者和价值链一并来进行分析，只有掌握了这种分析方法，才能支持企业做出正确的战略选择。战略分析的维度如图 3.4，主要包括：经济环境、政治环境、自然生态环境、客户、竞争者和价值链。

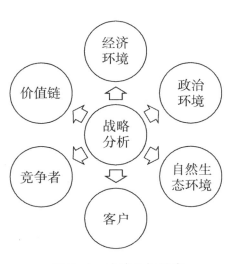

图 3.4　战略分析维度

1. 经济环境分析

经济环境是指企业生存和发展的国际、国内、区域的社会经济状况。经济环境分析主要包括：经济结构分析、经济发展水平分析、经济体制分析、宏观经济政策分析和经济法律法规分析。

（1）经济结构分析：包括对产业、分配、交换、消费、技术等进行分析，其核心是对产业结构和产业政策的分析。

（2）经济发展水平分析：包括对国家整体经济规模、产业规模、经济增长速度、人均 GDP 和人均收入的分析等。

（3）经济体制分析：包括对国家与企业、企业与企业、企业与各经济部门、企业与消费者、企业与员工之间的各种关系所做的规定，以及一系列用于调控或影响社会经济流动的范围、内容和方式而进行的管理手段和方法进行分析。

（4）宏观经济政策分析：包括对国家在一定时期内的经济发展战略、目标和策略进行分析，具体包含经济发展的战略、产业政策、国民收入政策、金融货币政策等。例如中国的每个五年发展规划，其中会包含很多的发展方向和指标，企业在进行战略分析时要关注这些发展方向和指标同企业所在行业的关联。

（5）经济法律法规分析：包括对与经济和行业相关的法律法规进行分析，例如公司法、国际贸易法规、合同法、统计法、审计法、反不正当竞争法、特种行业法规等。

通过经济环境分析，企业可以精准识别出需要在哪些国家、哪些地域、哪些行业来布局业务，其中有哪些法律法规、经济政策、行业政策需要企业遵守，有哪些可以为企业带来发展红利，哪些又是企业需要规避的，从中还可以看到或预测到哪些变化，这些变化对企业的当前和未来的发展又会带来哪些利弊。

2. 政治环境分析

政治环境指国际、国内、宗教、政党、政府的变化引起的经济变化，从而影响企业和消费者。政局稳定是经济繁荣的保证，政局动荡则人民难于安居乐业。政治环境要素包括：政治制度、宗教制度、政党和政党制度、政治性团体、政党政策和方针、政治气氛。

规模越大、国际化程度越高的企业对政治环境更加敏感，对政治风险的防范显得更加重要。例如2011年，由于利比亚局势持续动荡，中国驻利比亚的众多企业都被迫停工，人员撤离。通常国际化的企业需要设置专门的机构或人员，或者委托专业机构来审慎分析业务所在国的政治制度、政党结构、宗教等政治氛围，重点评估当地发生战乱、政变等政治事件的可能性，做好必要的风险预判和风险防控，从而选择合适的业务经营范围和经营形式。即使该国家和地域相对稳定，也依然要进行政治环境分析，除了分析是否有发生重大政治风险的可能性外，还要分析对于当地人民的安居乐业，企业需要承担哪些社会责任，企业拟发展的业务是否会触及当地的政党纠纷或宗教歧视等。

3. 自然生态环境分析

自然生态环境是指地球表面、内部、外部大气层的状态，可分为国家生态环境和区域生态环境，由陆地、海洋、河流、山川、森林、绿地、沙漠、湿地、空气等构成。

人类的能源消耗，排放了大量二氧化碳，造成了温室效应，碳交易、碳中和、碳达峰会推动社会、企业、个人去计算碳成本。碳税和碳会计会一步一步走向社会和企业，一个企业消耗1张纸、1支铅笔都将记录碳轨迹和付出碳成本。节约资源是企业义不容辞的责任。

目前国内资源消耗很重，"碳达峰、碳中和"是中国向世界承诺的目标，现代工业的发展以及人口快速增长造成了地球主体污染，珍爱环境、节约资源成为国家、企业、个人义不容辞的责任。企业必须遵守国际国内环境保护、自然资源使用的相关法律法规，以更少的消耗获得更多产出，实现绿色发展。

2020年全球爆发的新冠疫情给世界经济带来了巨大的影响，很多企业为了适应疫情进行了办公形式的调整，甚至很多企业因为疫情而倒闭，这就是自然生态环境对企业战略影响的最典型的体现。

4. 客户分析

客户是企业存在的唯一理由，所以企业应当对客户进行详细的分析。

客户有很多分类方法，在做企业战略分析时，可以用以下两种分类方法：一种是按消费类型分类，另一种是按购买规模分类。分类清晰有利于企业更好地对客户进行管理，不同类别的管理不一样。

（1）按消费类型对客户分类：分为企业类客户、消费者客户、公共事业类客户和政府类客户。

①企业类客户：企业是一个经济组织，是法人和法人之间的交易。企业类客户具有以下特点：理智，具有较强的价格谈判能力；相对长期稳定，要建立客户关系管理平台；一般都会有标准的制度、流程和规范。

在对企业类客户进行分析时，不仅要识别客户对于产品、服务和体验的需求，还要注意识别客户的管理需求。

由于互联网的发展，企业型客户正一步步走向 B to B，即企业与企业之间的电子商务模式，以信息化、互联网为基础，B to B 在供货、库存、运输、信息流、支付等方面大大提高企业的效率。通过电子商务平台的使用，实现了企业间交易的自动化，降低了交易的成本和时间，提高了交易过程的可视和透明度，从而提升了客户体验。

②消费者客户：指个人消费者，是为了满足家庭和个人的消费需求

的人，其需求包括衣、食、住、行、用、医以及文化娱乐等方面，由于每个人都不同，每个人都有自己的性格、兴趣、爱好和习惯，因此个人消费千差万别、多种多样。

个人消费者通常与社会经济发展水平、个人收入的高低、政治宗教文化等相关联。个人消费者随机性强，但又经常会形成跟风和群体性行为，当然不同类型消费者展现的行为不一样。

所以在对个人消费者分析时，要在理解消费者多样性、复杂性、可诱导性、综合性、发展性、应用性的基础上，继续分析消费者的行为，如：消费动机、消费支出、消费结构等。

由于个人消费者数量较大，所以企业要做好消费者分类和数据统计台账，在此基础上建立消费者的消费模型，便于对个体消费者进行透彻的分析，作为面向个人消费者客户的大型企业来说，如果想要获得更好的生存，通常会采用云、大数据等信息化手段来进行自动统计和分析。

几种典型的面向消费者客户的商业模式有：B to C 商业模式（企业对消费者，这种模式下的企业必须建立线下、线上平台，且线下线上一体化是趋势）和 C to C 商业模式（消费者对消费者，例如电商交易平台上的零售店），互联网的发展更加催生了这些模式，且通常采用电子商务模式，既提升了交易效率，又增加了消费者选择多样性，还大大降低了企业和消费者的成本。

③公共事业类客户：公共事业是指保证公共服务的产业，有的属于国有企业或者处于政府控制之下的事业单位，而私营企业性质公共事业必然是由政府法规严格监督，例如电力、高速公路，且必然有法律约束。甚至包括消费标准、成本及盈利水平。一般说的公共事业包括电力、供水、污水处理、废物处理、燃气供应、交通、通讯等。而中国还包括以

国有制为主导的教育、医疗、养老保险、医疗保险等。

公共事业类客户通常具有自然垄断性、政策垄断性和行业保护性。企业在分析这类客户时，首先要了解公共事业相关的法律法规，其次是公共事业的安全性，然后才是打开公共事业的业务需求，从而为客户提供产品、服务和体验。

④政府类客户：政府采购是指各级政府为了开展政务活动或为公众提供服务，在财政及政府相关部门监督下，以法定方式、方法和程序，通过公开招标、公平竞争，由各级政府财政部门直接向供应商付款，从国内外市场上为政府部门或所属团体购买货物、工程和劳务的行为。

政府采购通常是以相关法律法规为基础，以制度、流程、公开透明为抓手，把市场竞争机制与财政支出管理相结合。所以企业需要准确理解政府采购行为，及其组织管理、采购程序和节拍，在充分调研其一般需求和特殊需求基础上，为政府提供相关产品和服务。

（2）按购买规模对客户分类：分为单一客户、战略性客户、重大客户、中型客户和小型客户。不同购买规模的客户特点和企业针对其的策略见表3.1。

表3.1 不同购买规模的客户特点和企业策略

客户分类	特点	企业的针对策略
单一客户	指百分之百集中度的客户，通常是产业上下游和分工配套的企业，高度的稳定性和风险性共存	发展到一定阶段，单一客户必然是走向多客户原则

客户分类	特点	企业的针对策略
战略性客户	通常指占企业收入和利润比重较大的客户，直接影响企业盈亏	要前移到客户前端，让客户体验最好，提供最好的服务，参与其产品标准、流程制定，最终提供好的产品、服务和体验。从企业高层到业务关联的各个环节都要全力以赴维护，并设立专门机构进行维护，必要的话相关研发、工程、服务机构要前移到客户所在地。对于战略性客户要不遗余力地接近
重大客户	通常指对企业收入和利润有较大影响的客户	企业要有专人负责维护，并且要满足其变化的需求
中型客户	通常指对企业收入和利润影响一般，按业务流程管理即可	重点关注能升级为重大客户的中型客户
小型客户	指对企业收入和利润影响不大的客户	通常对达不到最基本量的小型客户进行管理，甚至减少其数量，重点关注可成长为中型客户者

5. 竞争者分析

竞争者指与本企业提供产品或服务相类似，并且所服务的目标顾客也相似的企业。

竞争者分为竞争对手和潜在进入者。

（1）竞争对手

按照竞争者的目标方向、目标客户群相似性来界定，竞争对手可做如下分类：

①强竞争对手：产品或服务高度相似，目标市场和目标客户群高度一致，企业规模相似或大于本企业规模；

②中竞争对手：产品或服务部分相似，目标市场和目标客户群部分一致，或企业规模小于本企业规模；

③弱竞争对手：产品或服务小部分相似，目标市场和目标客户群小部分一致，或企业规模很小的企业。

通常可以从以下维度来对竞争对手进行分析：战略及战略目标、科研技术开发能力、参与行业、产品、服务标准、市场细分及占有率、质量高低、供应链状况及议价能力、信息化和数字化水平、成本管控、制造、规模、品牌及综合竞争力。要将这些维度充分打开，有针对性地进行比较，占优的如何进一步扩大优势，处于劣势的如何补上，要分析到位。

（2）潜在进入者

潜在进入者可能是一个新办的企业，也可能是想多元化经营其它行业的企业，或者以资本为纽带的行业整合者。由于各个企业对行业生命周期的认识不一样，因此不论处于什么阶段，都会存在潜在进入者。潜在进入者可以分为以下几类：

①认为找到了替代品的新进入者。大部分认为找到替代品的企业不过是空中楼阁，但只要有一个企业找到替代品，将带来整个行业重新洗牌。

②认为自身在某一方面拥有竞争能力的新进入者，如：有一定市场资源，认为自身在技术上更先进，或者认为自己成本更低、质量更好等，此类新进入者通常会分流部分市场和利润，造成竞争加剧。

③多元化经营潜在进入者：指企业达到一定规模又拥有多余的资金，通过跨行业并购扩大企业规模的新进入者。实力强大的进入者会采取收购多个行业企业提升市场集中度的横向整合，有的也会采取整合供应链的垂直整合，会造成行业企业的重新定义。从导入期到成熟期，很多人

认为市场规模足够大，只要进入了就能得到一定客户，赚取一定利润，通常这个类型进入者失败居多。

6. 价值链分析

社会分工、国际化的产业分工和产品内分工决定了企业都是社会价值链、产业价值链和产品价值链的一环，通过分工协作来实现产品价值、服务价值和体验价值。

企业可以从以下几个维度来进行价值链分析：标准、专利和知识产权，设计与制造相关的设备和工具，配套的产品、部件和原物料。

（1）标准、专利、知识产权分析

①标准

标准可以获得秩序和社会效益，因而标准就成了竞争焦点，国际标准不仅决定了行业中的话语权，而且更是国家利益之争，比如：芯片标准、通信标准、碳排放标准等。"一流企业做标准"就是为了站在价值链的顶端，企业必须分析并正确定位自身在现在和未来标准中的地位，从符合标准、参与标准到制定标准。

②专利

专利就是专有权利和利益。专利受法律保护，既不能侵犯他人的专利，又要建立自身的专利保护机制。企业要分析通过支付专利费用能否取得专利的使用权？若不能避开专利又不能获得专利使用权，就应该选择理智退出。

③知识产权

知识产权既包含了专利权，又包括著作权、商标权等。现代知识产权最典型的例子就是在芯片设计、芯片制造、芯片测试方面形成的巨大的、难以逾越的 IP 资产。

企业既要尊重他人的知识产权，又要积累自身的知识产权。如果得不到知识产权授权而盲目使用，将面临索赔甚至倒闭风险。

（2）与设计、制造相关的关键设备、工具分析

①用于设计的关键设备、工具

用于设计的关键设备、工具是研发环境建立和配置的根基，决定了研发的效率、质量和成本，既要分析是否能买到相关的设备、工具，还要判定企业的资源是否匹配适用。

②用于制造的关键设备、工具

高精尖的制造装备往往都是限制级的装备，买不到就只能用次一级的装备替代，必然造成企业只能面向中低端客户。对于造价昂贵的装备、产线要分析清楚经济批量，以及如何建立盈利模式。

（3）配套的产品、部件、原物料分析

①首先需要分析企业在供方的地位

如果企业对供方收入、利润有重大影响，企业就不仅仅具备了强大的议价能力，还会影响供方的战略决策。

如果企业对供方收入、利润影响一般，那企业就只能尽量向供方争取合适的价格。

如果企业对供方收入、利润基本没影响，那企业就货比三家，选择性价比高的采购。

②垄断型供方

垄断型供方通常已经具备一定的行业整合能力，或者其产品已经形成了一定的垄断。面对垄断型供方，企业要争取成为他的战略合作伙伴。

③从产品供应商、部件供应商、原料供应商、制造商、仓储物流商、分销商、零售商以及终端客户等整个供应链展开分析，建立高效、协同、受控以及与企业资源相匹配的供应链体系。

（二）战略目标

战略目标是对企业战略经营活动取得的主要成果目标值的确定，是企业发展的总任务和总要求，要明确战略阶段划分和里程碑点。战略目标是明确的，绝大多数用数字表示，用以印证经营成果。

战略目标不是简单的定位成产出多少，比如谁是竞争对手，将行业领先者定义为标杆，全面学习的跟随者战略等都可以作为目标。战略目标不能简单化，它一定是系列指标构成的。目标的设定必须结合企业自身的特点，结合企业内外部环境分析，既包括对未来的趋势分析也包括现状分析，既包括对本行业的分析，也包括跨行业的分析，可以和行业领先者比较，和国际先进企业对标。企业常用的战略目标维度见表3.2。

表 3.2　企业常用的战略目标维度示例

战略目标类型	示例
企业规模	资产、收入
盈利能力	利润、利润率、每股收益
市场	市场占有率、销售量、新产品、新行业、新地域
研究与开发	战略性产品和投入经费等
供应链	战略供方管理、物料资金周转次数等
制造	厂房、设备、人均效率、自动化程度等
质量	客户满意度、客户投诉率、一次合格率、质量成本
财务	资金周转率、现金流量、成本费用降低率等
人力资源	人员规模、人均生产率、人员流动率等
信息化	平台和应用建设目标、资金投入、数字化程度等

（三） 战略计划

1. 战略计划分解

战略计划是把战略目标进行分解的过程。战略计划分为：长期计划、中期计划和短期计划。

长期战略：通常是企业 5 到 10 年内的规划，没有长期战略企业走不远。例如新成立企业，形成新的产业集群，或者重大企业转型，这些情况下都是需要制定长期战略的。十年中企业会发生很多的变化，但是重大的转型和变化则需要做好长期和整体的布局。

中期战略：通常是企业 3 到 5 年内的规划。

短期战略：通常是企业 1 到 3 年内的规划。

计划是企业分析目标并达成目标的重要工具，基于长期、中期和短期战略计划，可以分解出年度计划、季度计划、月度计划，在月度计划的基础上可以进一步打开到旬和周，再到日作业计划。如果企业能够在日作业计划的基础上建立起高度协同机制，代表了一个企业或一个部门管理档次和水平到达了较高的程度。

年度计划构成：计划贯穿企业各业务职能环节，所以年度计划通常包括：市场计划、研发计划、供应链计划、制造计划、质量计划、财务计划、人力资源计划、信息化计划和投资计划等。表 3.3 是常见的企业年度计划维度示例。

表 3.3　企业年度计划维度示例

年度计划分类	示例
市场计划	按产品服务、行业和地域进行阶段分解

年度计划分类	示例
研发计划	按战略性新产品、常规产品、淘汰品进行分解
供应链计划	依据市场和研发目标分解
制造计划	依据市场和研发目标分解
质量计划	分解到各业务职能板块及关键点
财务计划	依据产生资金、成本、费用的战略单元分解
人力资源计划	与各业务职能计划相匹配
信息化计划	满足并能提升各业务职能的计划
投资计划	长期、中期、短期目标和金额

三级计划四级管理：战略计划的打开和分析都是企业需要具备的重要能力，有一个相对准确的计划才可以保障战略高效实施落地。企业战略的执行力通常体现在计划的制定和执行。计划不只是为了控制，而是为了从战略层面打开并完成。在这个高度协同的时代，计划是必不可少的，计划的打开能力和管理状况也决定了企业的效率。

以制造工厂为例，三级计划是指对"工厂、车间、班组"这三级的计划，个人也需要按照组织级的计划分解出个人的作业计划；四级管理是指对"工厂、车间、班组、个人"这四级的管理。

"三级计划四级管理"不是固化的，代表了组织的层级，代表了要管理到每个人的作业界面。例如，若企业的组织层级是四级，"三级计划四级管理"则应变为"四级计划五级管理"。

2. 组织架构

战略目标的达成和战略计划的有效分解和落地通常需要相应的组织架构来支撑，特别对于新产品、新地域、新行业的布局，往往需要在组织架构、资源配置、内部平台搭建等方面做出相应的变化和采取相应的行动。

3. 沟通反馈

战略计划的制订过程需要自下而上、自上而下的一个沟通过程。企业战略目标和战略计划通常先由企业高层向企业各个层面传递，这是自上而下的过程；然后各层级分解所属战略任务，进行评估后反馈回高层，这是自下而上的过程，上下达成一致后，方能保证战略的顺利实施。

（四）战略实施

不可否认的是，战略的高度和宏观性很强，是企业经营者不可忽视的重要工作，再好的战略如果得不到有效执行，就失去了意义，所以战略与执行本身是不可割裂的。

企业战略的执行必须统一领导，统一指挥，因为战略具有整体性，各自为战不可能达成战略目标。

（五）战略控制

战略控制主要是指企业战略实施的过程控制，检查企业实施过程中各项活动进展情况，对照目标计划评估实施的结果，查找差距，分析产生偏差的原因，纠正偏差，使企业战略更好地实施，与企业战略相一致，推动企业战略得以实现。

战略控制方式主要有绩效控制、财务审计控制，以及事前控制、事后控制和随机控制相结合等。

（1）绩效控制：主要包括制定绩效标准、衡量和评价实际效益、按评价结果进行奖罚等。

（2）财务审计控制：主要包括对预算控制、决算控制，以及日常审计控制。

（3）事前控制、事后控制和随机控制相结合：主要是指找到战略误差并立即采取措施纠正。

（六）战略优化

由于环境的变化、技术的日新月异，企业战略不可能一成不变，需要随环境等外部条件变化而变化，因此企业战略每年至少修订一次。战略执行过程就是一个滚动持续优化过程，例如可以定期召开战略评估会，对战略进行复盘，然后优化。在优化过程中，要从战略环境、客户变化、创新技术和标准、竞争对手和潜在进入者等角度来进行扫描。

对战略环境进行扫描：从政治环境、经济环境到自然环境，看哪些变化会对企业战略产生影响。

对客户变化进行扫描：评估哪些变化需要企业从战略上进行调整。

对创新技术和标准进行扫描：根据变化进行调整。

对竞争对手和潜在进入者进行扫描：看他们的战略变化是否影响到了企业战略，然后进行调整。

三、 企业三大核心战略

为客户创造价值是企业作为一个社会组织的使命。企业通过为客户提供最优的产品、最佳的服务、最好的体验，来为客户创造价值，所以产品战略、服务战略、体验战略是企业的三大核心战略，只有这三者才触及了企业的本源。

（一）产品战略

产品战略是指企业对研发与经营的产品进行全局性谋划，是企业战略的核心，企业要靠性能优越、质量可靠、性价比高、具有竞争力的产品去赢得客户，开拓占领市场，为客户创造价值，获取经济效益。产品战略是否正确，直接决定了企业胜败兴衰和生存死亡。

产品战略包括产品技术、成本、供应链、制造、质量等诸多维度，需要根据不同的产品进一步去打开，不能简单化。产品渠道和客户在哪里、如何布局，这些都是产品战略下面的子功能战略，要注意区分，不要混为一谈。

产品战略的制订通常包括三步，首先企业需要进行产品的选择与分类，然后基于产品的选择和分类再选择战略性产品、最终形成产品开发战略。

1. 产品选择与分类

在进行产品选择时，基于对环境、客户、价值链和竞争者的分析，企业要思考，究竟应该提供单一产品，系列产品，还是不同类型产品的组合，才能使企业更好地满足客户需求并在未来市场中处于更好的竞争地位。

（1）产品：是指企业所生产与经营的、具有不同功能、不同架构与尺寸的各项产品。

（2）产品线：是指适应市场需求而组成相互性能结构接近的产品组。

（3）产品组合：是指企业全部产品线、产品项目的组合，产品组合的目的是为了促进销售，增加利润。在进行产品组合分析时要考虑四个要素：产品组合宽度、产品组合深度、产品组合长度、产品组合一致性。

2. 选择战略性产品

基于前期的产品选择与分类，进行相关的战略分析后，选择出企业需要投入研发的战略性产品。战略性产品选择的评价维度是：市场容量较大、产品处于生命周期成长期或成熟期、产品技术性能在同行业中国内领先或国际领先、产品性价比高、产品附加值高等。

3. 产品开发战略

产品开发战略可以有领先型开发战略、追随型开发战略、替代型开发战略和混合型开发战略。企业选择不同的产品开发战略，将直接影响到企业后续的内外部资源投入，当然也会直接影响到未来企业的市场竞争地位和盈利能力。

（二）服务战略

服务战略是指企业在一定发展阶段，以服务为核心，以顾客满意为宗旨，使服务资源与变化的环境相匹配，实现企业长远发展的动态体系。

随着产品竞争的加剧，产品利润越来越薄，服务就成了增加收益的倍增器，而客户买产品就是为了买某种服务。由于互联网的发展，推动了产品可以变成服务卖，不是按产品收钱，而是按服务收费，产品即服务，所以服务必然成为企业战略。

例如汽车以前依靠卖整车盈利，后期备件销售的利润更可观，再后期金融、租赁等手段的介入，推动整个业态都在变化。零首付新车开回家，一定程度上是将服务作为售卖的标的。将客户绑定，日后针对该车服务所衍生的需求和利润占的比重更大。无论传统行业还是新兴行业，未来服务的占比必然越来越大，直至占统治地位。

服务战略包括以下几个方面：

◎树立服务理念；

◎打开客户服务需求；

◎确定客户服务需求；

◎服务需求设计与实施；

◎服务人员管理制度、流程与绩效；

◎实现顾客满意与忠诚；

◎对客户服务需求进行差异化管理；

◎服务质量管理。

例如，为了在家电市场充分体现自己的竞争优势，海尔公司早期确定了"星级服务战略"，在服务战略的指导下，不断消除销售到用户之间的服务盲区，籍此也创造了海尔强大的竞争力和用户口碑。但从本质上来说，海尔的服务是产品附加值带来的，而不是服务本身给客户提供更高的价值，所以这种服务战略只能说是产品战略的附属，是供不应求条件下针对产品的服务，这种战略的前提是利润要足够高，而且能够承担起层级较多的渠道和销售体系。真正意义的服务战略可以独立于产品而存在，例如某专业运维服务公司，可以脱离具体的产品，为客户提供长短期的运维服务。

（三）体验战略

体验是一种纯主观的、在用户使用产品和服务过程中建立起来的感受。良好的客户体验有助于企业不断完善产品和服务。

1970 年托夫勒在《未来的冲击》中说到："所有工业国家的制造业将被服务业超越"，而"体验工业"又会超过服务业。"体验工业势必成为超工业社会的重要一环；这种体验型工业最后将变成'后服务业经济'的基础"。

1. 创造良好体验的方式

创造良好体验的主要方式包括：倾听客户的声音、让客户参与设计、设立产品和服务体验官、设计营造客户最佳体验场景、为客户提供全流程体验服务，以及量身定制个性化的产品和服务等。

客户如果参与到产品和服务的设计过程中，把他的习惯、爱好融入到产品的设计中，那么客户除了获得最佳的使用体验之外，还会获得参与设计的成就感这种最佳的体验。

实现体验创造价值和体验创造大客户，就做到了最佳客户体验。例如通过设立互联网平台，可以聚集众多企业和个人来为客户提供产品和服务。客户体验就是流量就是资产。

2. 基于提供独特客户体验价值收费

客户体验是个人心理感受，是当一个人达到情绪、体力、智力甚至是精神的某一特定水平时，意识中所产生的美好感觉。因此，体验通常不必按竞争所形成的市场定价或者成本加成定价，而是基于提供独特客户体验价值收取更高的费用。

3. 体验经济已经到来

从全球范围看，早期市值规模最大的是制造业的 GE、化工、汽车等，后来是银行、保险等服务业，而今天是苹果、亚马逊、谷歌、特斯拉、腾讯、抖音、快手等创造最佳客户体验的企业。体验经济将改变经济的增长方式。无论是传统的教育、体育、娱乐、餐饮、旅游、烟酒，还是电动汽车、电脑、手机、动漫、电游、软件、芯片、虚拟现实，包括银行、保险的客户体验，都在推动体验经济成为经济增长的动力。

体验经济机会是无限的，也许以后大家不说"你用什么产品了吗？"，而是说"你体验了吗？"

良好的客户体验带来的是对客户的强大的粘性，也带来业态模式的颠覆性变化。随着社会的进步和经济的发展，一个国家的竞争力也会逐渐由产品和制造能力，向服务和体验转变，体验经济的大势已来。

四、 职能战略

职能战略：是企业战略按企业职能进行分解，又称为职能支持战略，是企业按照总体公司战略对企业各方面职能活动进行的战略解构。

战略如果打不开，不能落到职能上，是没有意义的。一方面要做好从企业战略到职能战略的分解，要保证职能战略目标的达成可以促成企业战略目标的达成，这个过程要把战略目标进行纵向分解，分解到企业内每个职能、每个业务单元，乃至每个职位，另一方面也要关注职能间的横向协作和跨界合作，这样才能保证企业战略的最终达成。

企业职能战略主要包括营销战略、研发战略、供应链战略、制造战略、质量战略、财务战略、人力资源战略和信息化战略。

（一）营销战略

营销战略是企业以满足客户需求为基础，打开客户技术需求、商务需求和个性化需求，评估客户需求的市场规模以及购买能力等相关信息。在综合考虑外部市场机会及企业内部资源能力等因素的基础上，确认目标市场和目标客户，选择相应的市场营销组合，并进行计划、组织、实施和控制的过程。

营销战略包括营销产品战略、营销服务战略和营销体验战略。

1. 营销产品策略

包括产品策略、价格策略、渠道策略、促销策略，以及产品、行业、地域三线矩阵策略和线下线上一体化策略等。

2. 营销服务策略

包括售前服务、售中服务、产品按服务收费、服务做成产品、服务自动化和智能化，以及产品、价格、渠道、分销组合等。

3. 营销体验策略

目前社会中已经有属于体验类的行业，例如：体验师、品鉴师、体验试验家、客户体验调查与分析师等，通常在烟、酒等消费品行业比较多，这些特定行业客户的本源需求就是体验。

营销体验策略包括产品体验、服务体验、一体化体验。

产品体验分为工业品体验和消费品体验。工业品体验又可以继续细分到各行各业，消费品体验也可以细分到每一类消费品。

服务体验分为产品服务客户体验、服务行业客户体验。

一体化体验则综合了产品、服务等体验，例如苹果公司产品的一体化体验方式。而且还可以通过定制等方式来实现个性化体验。

为了更好地做好营销战略，还应做好市场分析（包括客户、竞争对手、潜在进入者、合作方等）和市场定位（例如领先、跟随、高中低档等）。

（二）研发战略

研发战略就是以满足客户技术需求为核心，结合客户的商务需求和个性化需求，把客户需求转化成产品、服务和体验。其前提是做好客户需求分析，其关键点是准确判断科技进步带来的技术应用进步。

研发战略制定不能局限于本行业、现有产品和现有地域，而要进行跨行业、跨专业、跨地域、系统性、前瞻性地思考，根据不同细分行业、细分地域的客户需求，形成差异化的研发战略和路径，做出合理的产品、产品线、产品组合、系统方案以及企业研发平台规划，使企业的研发定位更加精准，研发出的产品更加具备市场竞争力。

研发战略通常包括研发环境、研发组织架构、研发流程、研发人才策略、专业配置、研发绩效、研发自动化、研发质量、成本与效率、研发与市场开发的深度融合，以及研发的可配置性与可制造性等。这里的研发环境指支持产品、服务、体验的开发环境、测试环境和运行环境。

（三）供应链战略

供应链战略是高质量、低成本、高效率地提供满足产品、服务、体验所需的一切可配置资源。供应链战略是从企业战略的高度对供应链进行全局性规划，要求企业突破自身的局限性，通过整个供应链进行规划，进而实现为企业获取竞争优势的目的。

供应链战略通常具备协作性、整体性和长期性特征。要求相关合作方从客户需求设计、制造等环节进行全方位的协作、信息分享、风险共担，按在供应链中价值进行利益分配。

（四）制造战略

制造战略是基于公司战略，决定选择合适的生产系统，确定合适的管理方式来达到企业整体经营目标，从而对企业的生产系统来进行的整体谋划。

从发展趋势来看，制造战略的方向通常围绕着"高质量、低成本、高效率"，走向自动化制造和智能制造，并最终做到数字化制造。

（五）质量战略

质量战略基于公司战略，为了设计和产出顾客需求的质量特征，达到客户所要求的质量水平，满足客户体验所做出的长远性谋划策略，关键是制定好产品质量战略、服务质量战略、体验质量战略。

（六）财务战略

财务战略是基于公司战略对财务资源优化配置，让财务资源均衡高效周转流动，获取财务资源收益最大化。

财务战略可以按照职能类型和综合类型进行分类。按职能可分为投资战略、筹资战略、营运战略和股利战略；按综合可分为扩张型财务战略、稳增型财务战略、防御型财务战略和收缩型财务战略。

企业内常用的财务战略通常有产品领先战略、总成本领先战略等。

（七）人力资源战略

人力资源战略是基于公司战略和相关职能战略，为满足客户需求和企业发展需要，提供相匹配的人力资源的系列决策的组合。

人力资源战略应以"可盈利满足客户需求"为指引，通过组织变革、激励机制创新，流程再造，不断激发和释放员工内在力量和智慧，实现企业战略目标。打造学习型组织，持续提升员工能力，使人力资本的增值速度大于实物资本增值的速度，成为企业价值增值的主要源泉。

（八）信息化战略

信息化战略是基于公司战略，对企业信息化的方向和目标，信息化平台和应用制定的基本谋划。通过聚合现代信息技术，有效地把企业的战略、组织、业务、流程和管理系统结合起来，实现营销、研发、供应链、制造、财务、质量、人力资源等业务职能板块的信息化和数字化。

当今企业信息化的主要趋势有：

◎职能数字化：营销、研发、供应链、制造、质量、财务、人力资源；

◎业务流程和管理流程实现高度自动化、数字化；

◎构建企业内部和外部数字化平台，促进企业内部业务职能的深度融合，提高企业自身运营效率；

◎产品、服务、体验数字化；

◎持续打造满足不同客户需求的整体数字化解决方案；

◎与企业上下游价值链充分互动，共同构筑基于行业的智能互动的生态链。

第四章 —— 企业制度

企业制度是构成企业发展平台的重要基石，是现代企业运营最基本的规则。

企业制度是构成企业发展平台的重要基石，是现代企业运营最基本的规则。企业制度的形成既受到企业外部环境的影响，也与企业自身的行业特点和个体发展历史有关。企业制度不是一成不变的，应当随需而变，适时修订，以确保制度的精确性和适宜性。

一、 企业制度的基本概念

（一） 企业制度的定义

企业制度是企业定义、企业组织、企业运营、企业管理等一系列的行为准则、规范和模式的总称。

企业制度是企业相关方干系人以及全体员工共同遵守的准则和规定的总称。

企业制度是在一定历史条件下所形成的政治经济环境关系，包括企业经济运行和发展中的一些重要规定、规程和行动准则。

对企业制度的管理和控制要坚持动态原则。

（二） 现代企业制度的定义

中国的现代企业制度是指建立在现代生产关系的基础上，适应现代市场经济计划的"产权明晰、权责明确、政企分开、管理科学"的各种规定、规则和行动规程的总称。建立现代企业制度是企业改革的核心。

二、 企业制度构成

企业制度构成如图 4.1，包括：法律、法规、政策、政治制度、产权制度、组织制度、管理制度、企业章程等。

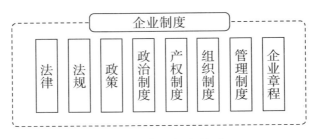

图 4.1　企业制度构成

（一）政治制度

政治制度通常包括宗教制度和政党制度。

1. 宗教制度

宗教制度是企业根据法律上宗教的规定以及宗教文化、特征来制定企业的宗教准则，在政教合一的国家必须严格遵守宗教制度。

2. 政党制度

政党制度需要以宪法为准绳，以政党的党章和相关规定为依据来制定。通常可以分为国有企业政党制度、民营企业政党制度和外资企业政党制度。

（二）企业产权制度

企业产权制度就是以清晰产权为依据，对企业财产关系进行合理有效地组合和调节的制度安排。企业产权制度以法律制度的形式对企业财产的占有、使用、收益、处分过程中形成的各类产权主体的地位、权责及相互关系加以规范。

企业制度通常是以企业产权制度为基础和核心。

（三）企业组织制度

企业组织制度是企业组织形式的制度安排，规定着企业内部的分工协调和权责分配关系，如企业的治理结构、领导体制等。

企业组织制度是企业组织的基本规范，既是企业各项组织工作的基础和依据，也是企业制度的一项基本内容。

企业要基于发展战略、客户及生态环境的变化，对组织制度跟进调整，随需而变。

（四）企业管理制度

企业管理制度是对企业管理活动的制度安排，包括企业营销、研发、供应链、制造、财务、质量、人力资源、安全、综合管理等各个方面的制度。

企业管理制度要与企业的整体战略相关联，与组织架构中各组成部分的职能相对应，需要从前端开始定义清楚。

企业的规模、业务属性、组织架构、客户需求等不一样，会导致不同企业之间各方面管理制度的定义、范围、边界等都存在差异。表 4.1 列出了企业常用的一些管理制度。

表 4.1　企业常用的管理制度

类型	示例	
营销制度	营销战略管理制度	合同评审制度
	市场调研制度	商品计划制度
	市场推广制度	发运计划制度
	市场宣传制度	收付款制度
	信息管理制度	差旅费制度
	招投标制度	集成项目管理制度

类型	示例	
研发制度	研发战略管理制度 年度研发计划管理制度 开发环境标准管理制度 测试环境标准管理制度 运行环境标准管理制度 实验室管理制度 工作室管理制度 研发项目管理制度 研发过程管理制度	需求管理制度 产品设计开发管理制度 测试管理制度 缺陷管理制度 样机试运行管理制度 产品工程化管理制度 产品移交管理制度 产品生命周期维护制度
供应链制度	供应链需求管理制度	供应链风险管理制度
	物料规格确认与变更管理程序 指定采购管理办法 物料通用技术条件管理程序	采购与合同管理制度
		仓储管理制度
		采购价格与结算制度
	供应商管理	供应链成本管理制度
	供应商定点定价管理程序 供应商第二方审核管理程序 供应商技术交流管理程序 合格供应商红黄牌管理程序 物料网络采购管理办法 供应商备货管理程序 供应商年度考评管理程序 OEM 供应商管理程序	备案价管理 采购环境监测与询价管理 大宗物料管理
		供应链质量管理制度
	物料管理制度	供应商准入与认证 供应商质量目标与绩效 物料认证与选型 物料质量控制
	物料认证、停产、替代管理程序 新选物料及新增优选物料管理程序 研发试验用样品管理程序 物料优选库管理	
		战略联盟管理

类型	示例	
制造制度	**制造模式管理制度**	
	全智能化工厂、无间断流水线模式、大批量流水线模式、多品种小批量柔性生产模式、单件小批生产模式	
	工厂设计管理制度	
	工厂总体设计、生产组织架构（职能部门与车间的组织架构）	
	生产管理制度	
	计划/工时管理、生产过程组织、生产现场管理、工序管理（5S管理、人机料法环测安全）	
	生产支持制度	
	生产准备、生产用图纸、工艺管理、制造信息化、外包、生产反馈和绩效、生产革新及改善管理	
	生产质量管理制度	
人力资源制度	岗位职责管理制度 招聘和录用管理制度 员工内部流动管理制度 薪酬管理制度 绩效管理制度 退休返聘管理制度 劳动合同管理制度 离职管理制度	劳动争议调解管理制度 面试官认证管理制度 实习生管理制度 员工职业发展管理制度 职业导师管理制度 培训管理制度 内训师管理制度
财务制度	**基础财务制度**	**基于业务职能的财务制度**
	资金管理制度 预算管理制度 成本费用管理制度 会计基础制度 会计检查制度 涉税制度 保函保证金管理制度	营销费用管理制度 研发费用管理制度 营销/研发/制造成本费用核算 质量成本管理制度 信息化费用管理制度 制造相关财务管理制度 供应链相关财务管理制度 项目相关财务制度（例如：项目成本费用管理、大项目CFO管理、项目估算预算决算管理、项目风险评估管理等）

第四章　企业制度

类型	示例	
质量制度	质量管理手册	
	质量程序文件	
	内外部环境及相关方控制程序 知识管理程序 监视和测量资源管理程序 文件管理程序 产品和服务策划管理程序 服务管理程序 外部供方管理程序 标识和可追溯性管理程序 防护与交付管理程序 不合格品控制程序 顾客满意度测量管理程序 内部审核管理程序	风险控制管理程序 基础设施和工作环境管理程序 信息沟通管理程序 记录管理程序 与顾客有关的过程管理程序 设计和开发管理程序 生产和服务提供管理程序 顾客和外部供方财产管理程序 贮存管理程序 产品的监视和测量管理程序 数据分析与评价管理程序
	质量平台类制度	
	质量大纲 质量文化 过程质量管理	质量统计分析 质量成本管理 质量岗位职责和绩效 质量培训
	基于业务职能的质量制度	
	研发质量类 营销质量类 供应链质量类 制造质量类	工程质量类（现场运维、技术支持、事故处理、工程管理等）
信息化制度	数据机房管理制度 设备间管理制度 网络管理制度 服务器设备管理制度 计算机设备管理制度 计算机软件管理制度	信息化系统建设管理制度 信息化系统运行管理制度 具体业务职能的信息化系统运行管理制度 具体业务职能的信息化操作规范 数据管理制度 应急预案管理制度

类型	示例
安全制度	**信息安全制度**
	信息安全管理制度
	信息安全风险评估制度
	信息安全应急管理制度
	信息安全审查制度
	网络安全管理制度
	信息化系统安全管理制度
	数据安全管理制度
	终端安全管理制度
	生产安全制度
	安全生产责任制及考核制度　　风险分级管理控制制度 安全会议制度　　安全隐患排查治理制度 安全生产资金投入制度　　危险作业管理制度 安全生产教育培训管理制度　　应急管理制度 特种作业人员管理制度　　安全生产奖惩制度 劳动防护用品管理制度　　安全事故报告制度 设施、设备检修安全管理制度　　化学品管理制度 消防设施、器材维护管理制度　　岗位标准化操作制度 职业病防治管理制度　　安全生产举报制度 安全生产检查管理制度
综合管理制度	企业规划制度：如战略、计划等 品牌管理、网站等宣传媒体管理制度 危机与应急管理制度 行政管理制度：如会务、办公用品、业务招待、通信、差旅、图书等 文书管理制度：如公文、印鉴、保密、文书档案等 信访管理制度：如接访、处访、结访、隐患排查等 档案管理制度：如归档、借阅、现场等 资产设备管理制度：如购置、使用、维保、处置、更新、改造等 后勤管理制度：如园区、基建、物业、维修、用车、餐厅、公寓、保洁、绿化 环保节能管理制度：如厂区、车间、危化品、废气废水废渣、仪器设备、水电气冷暖、巡查等 工会制度 其它制度

（五）企业章程

企业章程就是企业的宪法，是指企业依法制定的、规定了企业名称、住所、经营范围、政治制度、产权制度、组织制度、管理制度等重大事件的基本文件，也是企业必备的、规定了企业组织及活动基本规则的书面文件。

企业章程具有法定性、真实性、自治性和公共性的基本特征，与《公司法》一样，共同肩负着企业调整、运营、活动、责任，是企业组织与行为的基本准则。

（六）企业制度组成部分之间的关系

政治制度有时会决定或影响企业产权制度、企业组织制度以及企业的管理制度。政治制度的影响符合了经济发展规律和现代企业制度，就会推动企业健康发展；反之如果政治制度的影响违背了经济规律和现代企业制度，就会阻碍企业的发展。

政治制度的影响通常通过《宪法》《公司法》来影响企业，并体现在企业章程里。

企业文化是一个企业生生不息的内部驱动力。

当企业的战略、制度失效的时候，能够保持企业稳定并克服危机的唯一出路，给予企业支撑的就是企业文化。同样，在企业制度和战略发生变革的过程中，能够相互制约的也是企业文化。

企业价值观是企业文化的核心，企业愿景、企业使命、企业精神都是企业价值观的体现。

第五章 — 企业文化

中华 5000 年的文明史，历经多个朝代，延续下来靠的是文化，其标志之一便是文字。

文化伴随着人类的文明一路走来，不断支持、丰富着人类的生活，人类因为文化而进步，也因为文化而生发出巨大的力量。

企业文化是一个企业生生不息的内部驱动力。一个强大的企业，拥有积极的、向上的文化；一个比较差的企业，一定拥有消极的、过时的文化。文化的形成受各种历史条件影响，需要企业不断进行反思和总结，否则文化也会成为企业战略变革的束缚。

一、 企业文化的概念

企业是一个法人组织，企业文化也可称组织文化，是一个组织由其价值观、信念、仪式、符号、处事方式等组成的特有文化形象。

企业文化是企业的经营活动形成的经营理念、经营目的、经营方针、价值观念、经营行为、社会责任、经营形象的总和，是企业的宝贵资产。

企业文化是精进模式中的一项重要内容。当企业的战略、制度失效的时候，能够保持企业稳定并克服危机的唯一出路，给予企业支撑的就是企业文化。同样，在企业制度和战略发生变革的过程中，能够相互制约的也是企业文化。

二、 企业文化形成

企业文化是企业发展运营、生产经营和管理过程中所创造的、具有该企业特色的精神财富和物质形态，包括企业愿景、价值观、企业精神、道德规范、行为准则、历史传统、文化环境等。

企业文化形成会受到以下方面的影响。

1. 环境影响

企业所处的政治、宗教环境通常会影响企业的文化定义、文化制度、价值观等。

企业的经济环境、经济规律是不可违背的，企业以提供产品、服务、体验来创造价值，企业价值观一定是为客户、为社会创造价值。

企业的自然环境：人来自于自然，企业要保持对自然的敬畏，企业也要对生命保持敬畏，珍爱环境，珍爱生命。

2. 核心团队影响

企业核心团队不仅决定着企业的战略、制度，还决定了企业的产品、服务和体验，也影响着企业价值观，必然影响着企业文化。

3. 企业家影响

能够带领企业由小变大、由弱变强的企业家，是企业的灵魂，必然决定和影响着企业文化。

4. 客户影响

客户是企业存在的唯一理由，客户的行为文化必然对企业有这样那样的影响，比如：客户对质量的需求影响着企业的质量文化。

5. 竞争对手影响

企业竞争无处不在、无孔不入，竞争的程度影响着企业经营行为，必然影响企业文化。

三、 企业愿景、 企业使命、 企业精神、 企业价值观

企业愿景、企业使命、企业精神都是企业价值观的体现。企业价值观是企业文化的核心，企业愿景、企业使命、企业精神都是企业价值观

的体现。

从企业本源讲，企业愿景、企业使命等都是为了满足客户需求、为客户创造价值、为企业及相关方创造价值。

企业愿景又称企业远景，是指企业战略家对企业前景和发展方向一个高度概括的描述，由企业核心价值观和对未来的展望（如未来10～30年的远大目标和对目标的生动描述）构成。

企业愿景是企业战略发展的重要组成部分，是对未来发展方向的一种期望、一种预测、一种定位，以此来规划和制定企业未来的发展方向、企业的核心价值观、企业的精神，以及企业的使命、经营方针、核心竞争力、行为方针、执行力度等方面，从而让企业的全体员工及时有效通晓企业愿景赋予的使命和责任，使企业在战略分析、目标定位、计划、执行、控制反馈、优化的循环过程中，不断增强自身解决问题的力度和强度。

四、 职能文化

职能文化是指在统一的企业文化理念下，营销、研发等职能环节各自所形成的内部文化。

职能文化既是企业文化在职能环节的传递与深化，也是企业文化在职能环节的补充与延伸，能够增强员工对企业文化的认同，增强归属感。

职能文化理念要简洁，不宜过多、过长，目的在于体现出核心理念或工作标准、要求、目标，引导和激励员工更好地满足客户需求，为客户创造价值。以下是常见的典型职能文化：

◎营销文化：开拓、进取；

◎研发文化：创新、领先；

◎供应链文化：开放、合作、共赢；

◎制造文化：品质、柔性；

◎质量文化：可靠、简洁、适用、健壮；

◎财务文化：诚信、专业、合规；

◎人力资源文化：价值、效率、匹配；

◎信息化文化：智能、高效、安全；

◎后勤保障文化：用心、精致、体验；

◎综合管理文化：高质高效、协同融通；

……

五、 企业亚文化

人的想法千差万别，企业组织、各种机构的业务、职责权限不同，必然形成企业次级文化，也就是企业亚文化。

企业亚文化总体上与企业文化一致的前提下，并不妨碍企业文化的贯彻与落实；企业亚文化与企业文化不一致的时候，会影响企业战略和企业制度的实施执行，不加以引导，会导致企业崩溃。

六、 突破观念的天花板

现代社会中，企业面临最大的挑战不是市场，不是资本，而是企业人的观念，企业撞到的最大的天花板是观念。我们有时觉得自己被环境、被现实限制住，而实际上限制住自己的正是自己的心智模式，被习惯的知识、经验和成见所限制，用习惯的知识、经验来做习惯了的产品和客户。我们要将知识经验不断地汇集总结提升，才能把握未来。企业需要有目标、敢于离开熟路并且勇于开创新天地的人，需要跨专业、跨行业去学习、去思考、去集成、去行动的人，需要有求变的决心，也要有敢变的勇气，成功的路径不是想出来的，而是闯出来的，风险最大的是不敢冒险，最大的错误是不敢犯错误。

精进意味着身体上的刚健、精神上的大度、学习上的勤勉、实践上的开拓，既敢于面对现实，把握现在，又敢大胆突破，科学渐进，决战未来。

企业业务流程的起点和终点都是客户。

企业的一切活动来源于客户需求，以需求来驱动。

第六章 —— 精进业务平台

第一节　精进营销

精进营销是穿起客户和企业业务流程的核心，企业营销活动的起点和终点都是客户。

不只是营销环节，企业所有环节都要参与到让客户满意的业务流程和活动之中。

可盈利地满足客户需求的前提是企业要能够替客户算清楚客户使用企业的产品和服务的全生命周期的成本，客户的成本包括一次性投资、服务成本和运行成本。

精确识别客户需求，就需要从打开客户需求开始，并把需求向内分发。良好的客户体验建立在企业对客户本源需求的打开能力和管理能力上。

客户是企业存在的唯一理由，企业业务流程的起点和终点都是客户，精进营销是穿起客户和企业业务流程的核心，所以企业营销活动的起点和终点也是客户。

市场竞争的加剧，客户需求的多样性，加速的技术变革和模仿能力，使企业面临着日趋激烈的竞争。精进模式的核心是精确识别客户需求，这需要从识别和打开客户需求开始，并能够把需求向内分发。良好的客户体验建立在企业对客户本源需求的打开能力和管理能力上。打开客户需求的能力，以及为客户创造价值的能力，决定了企业是否能够获得客户满意，也决定了企业是否能够获得竞争的胜利，不只是营销环节，而是企业所有环节都要参与到让客户满意的业务流程和活动之中。

一、 精进营销的基本概念

精进营销的核心业务是市场营销和营销管理。

市场营销：精确识别客户需求，确定企业能够提供产品、服务和体验的目标市场，进而设计制造产品、提供服务和体验，以满足市场需求。

市场：是一个产品（包括服务和体验）的当前和潜在购买者的集合。

市场营销的目的：是为客户及相关方创造价值，为满足客户需求来管理市场，实现和建立买卖关系，精确分析目标市场和目标客户，尽最大努力实现与客户签订合同提供服务。

营销管理：是为完成营销目标所做的分析、计划、评审、交付和服务的全过程管理。营销不仅仅是一味地满足客户需求，还要求管理客户需求，这就是市场驱动、客户第一。

二、 营销战略管理

营销战略是企业整体战略的核心部分，是职能战略的重中之重，因为它是针对客户的，跟企业的规模，面对的行业、客户，包括提供的产品、服务和体验有关。

战略管理的流程和方法，以及营销战略的定义和内容构成见本书第三章。营销战略的落地需要营销组织架构和营销计划的支持。

（一）营销组织架构和营销人员的职责

营销组织架构主要按照营销渠道平台和营销管理平台的要求来进行

搭建。

营销组织中的关键角色是营销人员，在市场营销过程中，很多企业的营销人员已经不是一个简单的推销人员，真正的营销人员应该具备以下职责：

（1）参与企业营销战略的制定和落地，建立销售网络，完成销售业务。这是营销人员最前端的职责；

（2）充当客户合同执行和产品运行的监察人，协助企业为客户提供售后服务和处理客户投诉。企业的一线营销人员，要为客户去争取他应该享受的一切权益，重视客户体验和满意度，协助客户解决售后服务和问题投诉。企业如果忽视了客户合理诉求，伤害了客户正当权益，最终会失掉整个市场；

（3）提供高质量的营销活动，包括区域市场、产品、行业调研分析，新产品推广、客户信息、客户需求管理、客户沟通服务，并同步建立客户信息管理、客户需求管理等基础文档和台账。作为负责一个区域的营销人员，首先要做好这个区域的市场分析、产品、行业调研等，包括竞争对手的情况，各环节都要收集和传递到位，最终形成整体的市场分析报告。

（二）营销计划管理

营销计划既承接企业战略，又承接客户需求，所以营销计划对整个企业的运营起着关键的作用。营销计划包括年度、季度、月度计划。

营销年度计划是根据企业战略和年度经营目标制定的计划，年度结束时一定要对全年的计划执行情况进行盘点，看计划的执行率和准确度，还要把未执行完的计划结转到下一年度，汇总到下一年度的计划中。

营销季度计划是将年度计划进行的季度分解，主要起调节作用，是对年度计划的预测进行修正，每个季度结束都要盘点跟原来预测的差异，思考应该怎么调节。

营销月度计划可分为滚动计划和商品计划，滚动计划来源于客户订单和预测计划，通常来源于上月未完成的计划、上月新增的订单、所有订单中要求在下月交付的内容以及预测计划中要求下月交付的内容。商品计划制定的基础是前端的合同评审。合同评审完成之后转到计划管理部门，再来安排整体的采购、制造、二次开发、发运、联调、测试、质量、验收、应收账款、回款等计划。预测计划通常根据当年的及前几年的平均数和客户的投资方向来进行预测，可以按照产业、行业、地域来划分。

营销计划从更完整的角度来讲，通常还包括与技术环节一起来制定的新产品计划、市场开拓计划和市场发展计划等，因为产品在不同的行业、地域怎么去开拓，都与计划相关联。

营销环节的三级计划四级管理：三级计划通常指企业的整体销售计划、销售环节的计划、销售区域的计划，四级管理是指对"企业、销售环节、区域、个人"这四级的管理，这样就将计划纵向管理到个人。

计划调度：包括计划跟踪、异常情况反馈、处理、调拨等内容。对营销计划调度的目标就是基于客户要求，在恰当的时间、恰当的地点，将恰当的产品和服务及时送达客户，使客户获得良好的体验。

计划变更：营销计划的制定通常经过相关环节和不同层级的评审确认，所以一般不允许随意变更。一旦确认变更，必须分发到各相关环节。

三、 精进营销体系

（一）精进营销体系架构

精进营销体系如图6.1.1，由营销战略管理、营销核心业务和企业营销平台三部分构成。

企业营销平台需要为营销核心业务提供有力的支撑。企业营销平台由两部分构成：营销管理平台和营销渠道平台，这两部分同等重要，二者是一体的。营销管理平台是支撑整个营销运行的核心平台，所有的营销流程在这个平台上流转，而营销渠道平台主要是在前端，直接面向客户，是来争取订单的。

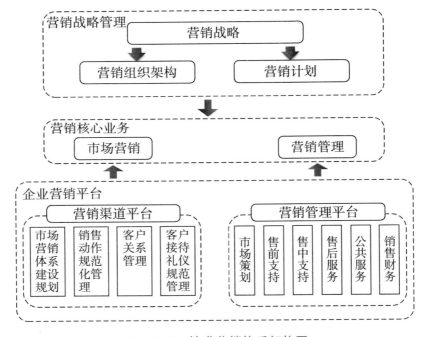

图 6.1.1　精进营销体系架构图

营销平台最关键的一点是要感知企业所处的生态环境，包括自然环境、政治环境、经济环境，收集和分析相关的政策、信息等，还要看到外行业对本行业的影响，在这个基础上才能准确感知客户的需求，要做到比客户更了解客户的需求，甚至去敏锐地感知到客户的潜在需求，这样就能抓住未来的前端需求，才能为战略制定、解构、落地打下坚实基础。

（二）营销管理

营销管理是为完成企业营销目标所做的分析、计划、评审、交付和服务的全过程管理。

营销管理是在确定营销目标以后，要分析完成这个目标的条件和路径，对可执行性和资源匹配性进行评审，制定计划把目标进行分解，还要按计划调度进行交付，提供服务。

必须清楚地意识到：客户会有各种各样的需求，如果不进行管理，就会给企业带来交付和服务成本的增加，也给客户自身带来管理成本。需求变更时，不是简单意味着供方和成本的变化，最大的问题是可能引入质量风险。所以营销不仅仅是单独满足客户需求，还要管理客户需求，这就是市场驱动、客户第一。

营销的核心是产品价格和营销渠道。产品价格由性能、质量、服务和客户体验构成，同时客户也更关注性价比。它强调的是：价格不仅是客户价值和企业盈利的体现，价格体系也是结算的基线。整个价格体系不仅仅包括内部的，还有外部的，既包含供方与合作伙伴的，又包含客户的。企业的价格体系一定要设定好基线，通常以市场价格为基准，然后对成本和费用进行评估，重要的是基于业务流程来归集成本和费用，这样才能构成不同环节的价格基线。如果做设计的不知道产品成本，做销售的不知道签订合同能不能盈利，就说明价格体系的结算基线是混乱的。同样，价格体系也决定了利益分配。营销渠道包括广告、人员推销、代理、合作伙伴等，不同类别的产品有不同的营销渠道，不同层级、不同结构的营销渠道本身就包含了不同的利益分配。

（三）营销管理平台

营销管理平台由市场策划、售前支持、销售支持、售后服务、公共服务和销售财务等职能构成。基于这些基本职能模块，可以根据不同的企业规模、不同的企业属性、不同的营销模式、不同的发展阶段来进行剪裁和组合，以适应不同的企业发展要求。

1. 市场策划

通常包括会议策划、广告宣传、市场宏观分析、竞争者分析、产品战略分析和行业战略分析等。对企业的经营环境（行业发展、竞争对手、市场情况等）进行研究，组织实施市场调研，收集信息并进行分析整理、反馈，针对目标客户制定有效的营销策略，为企业提供准确的行业定位。

2. 售前支持

主要包括合同预评审、招投标应对（包括技术支持、商务支持）、标书制作和询价报价等。

3. 售中支持

主要包括合同正式评审、商品计划、销售预测、仓储发运、收入确认和商务及方案支持。

销售预测通常跟商品计划以及采购、制造关联在一起的，要安排好滚动计划、预投计划，建立起生产节拍，避免出现断档和应急，保证成本、质量和效率。

仓储发运强调的是建立起原物料库、低值易耗品库、产成品库、商品库，还要做好产成品库和商品库的切割，只要有效的订单一旦完成，必须从产品转成商品，资金属性也要从产品变成商品。这些库是信息化的基础，也是成本费用核算的基础。

4. 售后服务

主要包括客户服务、客户投诉管理、服务卡管理、服务费用结算等。售后服务应具有双重职能，既要为客户争取利益，也要负责集中客户所有的服务质量问题，这就决定了售后服务通常也会接受双重领导，既接受销售负责人的领导，也同时接受总质量师领导。

5. 公共服务

主要包括合同审核、结算及档案管理、应收账款管理、统计报表、提成费用及绩效管理、公共及行政服务、客户关系管理、营销信息化、营销培训、对营销人员的各种日常服务支持等。

6. 销售财务管理

主要包括销售相关的资金计划、成本费用测算、账龄管理等。通过基于营销业务流程的成本、费用归集和资金管理，对营销业务建立清晰的财务核算流程，对营销行为进行服务和监督；强化合同售前、售中及售后全生命周期各环节的资金管理，还可以建立合同资金预警机制等方法，实现与精进营销其他环节有效衔接。

营销台账是做好销售财务管理的基础，也是营销信息化的基础，常用的营销台账包括：客户信息管理台账、合同评审（预评审）台账、合同登录管理台账、商品发运计划台账、营销费用绩效台账、售后服务台账、应收账款台账等。

要注意营销台账的架构、关联及统一考虑的编码体系，包括整个的信息分类，信息分发后各相关环节同时要建立子台账。所有的台账都要形成信息化系统，具备导出、分类查询等功能。每个台账都有它的架构，从开始架构的定义时，就要考虑细分出合同编码、合同评审信息、合同签订责任人、产品名称、合同金额、合同类别、交货期等信息，最好建立起一些标准模板，建立起不同台账之间的流程接口，这样以台账为基础形成营销管理流程的自动化，这样自动化分发就有了可能。

（四）营销渠道平台

营销渠道平台建设的重点是围绕客户需求打造地域线、产品线、行业线三线矩阵模式。

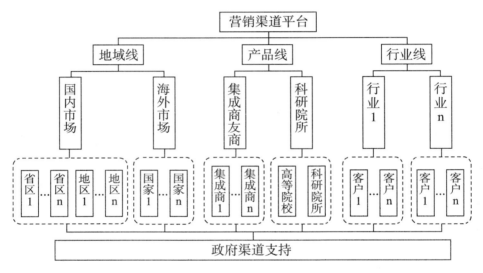

图6.1.2　营销渠道平台示意图

典型的营销渠道平台如图6.1.2所示，企业可以根据自身的市场地域分布、产品种类、行业状况、企业规模和发展阶段来进行搭建。图6.1.2中，营销渠道平台中的地域线先分为国内市场和海外市场两部分，然后可以进一步细分营销区域。产品线则按照主导业务范围来划分，规划各主要产品线与重点客户、集成类友商等之间的渠道。通常行业线先从重点行业入手进行规划，同时还要思考和规划地域线里的产品线组合和行业线拓展方案；思考和规划产品线去做哪些行业、进军哪些地域；思考和规划行业线里能用哪些产品、要向哪些区域扩展，这也就构成了产品线、行业线、地域线的三线矩阵模式。

针对营销渠道平台,通常要做好市场营销体系建设规划、销售动作规范化管理、客户关系强弱度管理、客户接待礼仪规范管理等方面。

(五)精进营销关键点

1. 做好需求管理

首先强调的是前端打开客户需求,关键是要建立客户需求文档。应该根据不同的产品,建立起一系列客户需求文档的基本文档或者标准文档,能够与后续的标书直接关联。

有了标准文档,就确定了一个标准需求,客户的需求一旦有变化,就要有需求变更的管理。变更分成两类,一类是标准配置和标准数据变更,投标时要快速识别差异,然后提供给标准配置一个变更单,让变更在标准配置里受控,也便于管理变更的范围;一类是客户之前已经确定的需求变化,那么企业对客户需求变更的管理必须建立相关的文档和流程并传递给相关环节,否则就会失控造成不可挽回的损失。

2. 打开架构

打开架构关键是做好配置管理,在前端进行识别,打开客户需求,把配置管理做到位。

产品架构要打开到最基本单元,项目架构要打开到系统,在系统下打开到产品,再到工程设计。只有打开产品和项目架构,才能做好需求文档,打不开架构,合同评审也做不好,因为做完合同评审以后要做分发,而分发是按照架构来的,打不开架构如何分发?因此,打不开项目结构,做不好合同评审,更做不好项目管理。

如何打开客户的需求架构呢?答案是:做调研。打开需求,进一步打开的就是客户的现状、客户的需求,客户现状包括客户提供的资料、需求调研和客户现场勘探。要通过标准配置去对比客户的需求，准确识别出客户真正的新的需求。

3. 合同评审

合同评审是从技术、商务、交货期等多个维度，精确识别最终客户需求，考量企业资源与客户需求契合程度的流程，识别不同类型的合同相适应的合同评审方式。

合同评审包括技术评审、商务评审、交货期评审。其中，商务评审包括价格评审、付款方式评审、质保期评审、资质评审、客户爱好评审、客户信誉、风险评估等多个方面内容。

从客户前端看，投标前做方案、做配置、打开需求和需求架构、打开客户的新需求新配置、变更管理、配置管理等，都与合同评审有关联，正式合同评审也是依据投标前的预评审来的，正式评审前一定以合同预评审的文档作为基础。是不是所有的合同都要做预评审呢？也不是。如果产品化程度非常高，客户又没有新的需求，投标前就不需要预评审。

要做好合同评审，一定要对合同进行分类，进行识别，其中一个很重要的环节就是对交货期的评审。交货期的评审，同样要求打开客户需求，看图纸是不是标准图纸，如果是就按标准流程组织交付。如果不是，就要关注新设计的图纸什么时间确定？新的供方、新的物料什么时间确定？蓝图什么时间确定？产品 BOM 什么时间确定？采购周期多长？制造周期多长？最后才能确定能不能满足交货期。

针对不同的类型的产品、项目和行业，要建立起合同评审的标准模板和标准流程，同时做好合同评审的台账。合同评审台账，要按照合同评审的架构、序列、类型排好序，分好类，再按实际需要分发给技术、工程、供应链、制造等相关环节。合同评审完成以后，相关方必须进行签署确认，形成文档。

合同变更必须纳入合同评审，这一步很重要，包括时间（提前或推迟）变更也必须评审，在时间变更影响了交货期、正常评审流程来不及的情况下，负责合同评审的人员要及时启动特别流程传递到相关环节做好应对。如果合同变更包含客户提出的特殊技术要求、质量要求，相关环节包括质量、人力资源、服务、发运等都要参加，共同做好评审。

合同预评审和正式评审相对应于财务管理进一步区分，预评审可以叫估算，正式评审可以叫预算，最终完成合同可以叫决算。预评审是工作前移的一个非常关键点。预评审做不好，怎么去应对投标呢？预评审的文档管理和相关文件的传递必须到位。在这个基础上做好正式评审，做正式评审一定要分不同合同类型。中标后负责售前的、负责技术的要在前端去落实清楚并管理最终客户的需求和标准，这样才有利于降低成本，有利于减少设计的不确定性，更有利于保证产品的质量。所以，售前支持和技术环节必须要做到前移，同时要求客户的需求确认必须有文档，分发也一定要落实到位。

合同预评审往往容易被忽略掉。合同预评审的目的就是评估企业的资源能否满足这个合同。事实上，企业在做招投标方案的时候，一定要做基本配置，否则一旦投标完了再改配置就很难，基本配置在很大程度上决定了质量、成本等很多方面，甚至包括了采购的难易程度、生产的可制造性等。在前期，任何一个供应商的变化、一种核心原物料的变化，都应该进行预评审，大批量合同还应该对外部供应链和自身制造能力进行预评审，如果没有合同预评审，后期就有可能会付出很大的成本代价。还有非常重要的一点，企业要建立起招投标的基本配置库。基本配置库依赖于选型库、供方库、物料库等基础库，这些库是企业的核心机密，相关环节跟它有业务关联的，可予以合理授权。

建立起整个合同的编码体系、编码规则很重要。每一个合同必须具有唯一的编码，这样在分发传递的过程中才不会出现混乱。

四、 精进营销与其他业务职能板块的关系

精进营销是精进模式的一个重要业务职能板块，精进营销与精进其他业务职能板块间的关键接口如图 6.1.3。

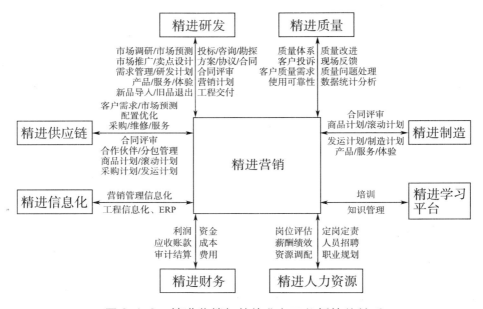

图 6.1.3 精进营销与其他业务职能板块的关系

作为企业来说，精进营销是穿起客户和企业业务流程的核心，通过打造精进营销平台，以精进营销流程为核心流程，带动研发、制造、供应链、财务、人力资源、质量等其他业务平台的升级，最终实现精进管理平台的网络化、无边界化、多元化、柔性化、智能化、虚拟化、可剪裁，使管理流程由自动化向智能化转变。

第二节　精进研发

研发过程的本质就是把客户需求点转化为产品功能点的过程。

想要真正打开并理解客户需求，就要顺着客户的业务流程走一遭，这样才能充分理解并打开客户的本源需求和需求架构。

精进研发强调在设计阶段要充分考虑产品的可重用、可裁剪、可组合、可扩展、可制造、可测试，以及产品化和工程化。

搭建基于研发参与者体验的自动化研发场景，实现开发环境、测试环境和运行环境的标准化和自动化，使得研发活动平衡交叉、高度协同，可以从根本上实现研发质量和研发效率的提升。

世界第一台计算机诞生于 1946 年，占地面积 170 平方米，重 30 吨，每小时耗电 174 度，每 15 分钟烧坏一个电子管。随着技术的发展，计算机及电子硬件产品已有了惊人的发展，电子管已被取代，计算机的运算速度和存储容量迅速增加，功耗和体积在迅速降低。计算机的发展催生了网络和信息化，而且社会分工和价值链的形成已成为不可逆转的现实：有专业做芯片和电子元件的企业，有专门做计算机制造组装的企业，有专门做分销的企业，有专门做软件的企业，也有做测试、集成、服务、咨询的企业。近 20 年来，软件的社会分工也在加快，有专门做软件编程的，也有专门做测试、工程和咨询服务的企业。

随着技术进步的速度加快，社会分工和工序分工的推进，现代企业的研发管理体系，不仅要保证产品、服务和体验在产品全生命周期都能够满足客户需求，还要使企业自身不断提升研发效率、降低研发成本，这直接决定了企业的创新能力和运营效率，不但能够获得市场先机，还能获得成本优势。

一、 精进研发的基本概念

（一） 科学、技术、创新和产品的概念

在讨论精进研发之前，先解读一下科学、技术、创新和产品这几个与研发密不可分的概念。

科学：是知识，且是通用的知识，通常是指用来研究自然规律的知识，而且科学会分成不同的学科。

技术：是用于制造产品或解决问题的系统知识。例如：软件、硬件、某种工艺、服务等都有自己相关的技术领域，而这些技术最终都是用来制造产品或解决问题的。

创新：包括新思维、新发明，甚至包括描述的新特征、新概念等，创新包括技术创新、产品创新、管理创新、思维创新，及各种情况的组合。

产品：是提供满足社会、人类和市场需求的任何东西，既包含有形的，也包含无形的，还包含各种情况的组合。产品有时已经超越了产品本身的定义，例如从客户的角度来说，购买产品就是为了提供服务，所以服务也是一种产品。再例如组织观念、培训、咨询等也是产品。

（二） 精进研发的基本概念

精进研发就是以科学技术为基础，以创新为引领，不断创造出新产品、新服务和新体验；精进研发是在精确识别客户需求的基础上，开发

出客户适用的，可以为客户创造价值的产品、服务和体验；精进研发还包括研究相关学科的知识对本行业、对产品的影响；精进研发就是持续推动技术进步的过程。

精进研发所说的"客户需求"，通常是以技术需求为核心，兼顾商务需求和个性化的客户爱好；既包括客户现在的需求，也包括客户未来的需求；既包括显性的客户需求也包括客户没有明确说明的有相关性的需求。

二、 研发战略管理

（一） 研发战略

研发战略是企业战略的重要组成部分，也是企业战略落地的重要支撑，决定了企业未来的成长力，对于高科技企业来说，研发战略更是构成了企业的核心战略。

（二） 研发组织架构

在制定了研发战略，并打开了研发战略执行的关键路径和里程碑之后，才能知道需要哪些专业和人员，需要设定什么样的组织架构来支撑战略的落地。

精进模式强调建立以客户为中心的研发组织架构，具体可以按照直线职能制来设置，也可以按照产品线、行业线、地域线来设置，或者按照产品、服务、体验来设置。

图 6.2.1 是某企业技术中心的组织架构图。精进研发并不要求所有的企业都要按此建立全套的组织架构，更多强调要打开本源，按照企业的规模、业务特点，围绕着更好地满足客户需求来设定研发组织架构。

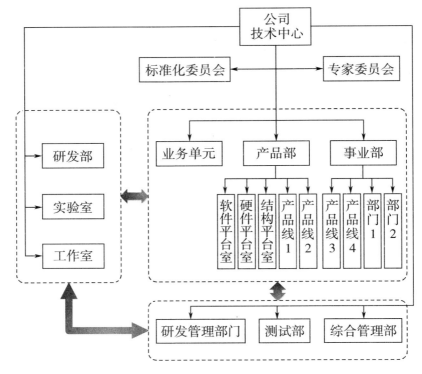

图 6.2.1 某企业技术中心组织架构图

在研发组织中，为了让客户获得更好的体验，通常会设置直接面向某类产品、某个行业或某个地域客户的研发组织，例如：产品部、业务单元、事业部等，其下可以继续按照研发工序分工或按产品分为研发科室等组织。

为了更好地实现研发战略中涉及的关键技术、重大共性技术、新平台、新产品的预研和突破，企业可以设置专门的研发部、硬件实验室或软件工作室。

测试部门主要负责各研发部门的产品和技术测试，并参与技术评审。测试部门是研发不可或缺的一部分，但是测试部门又要有独立性，测试部门通常也受质量体系的管理。

研发管理部门则主要对整个研发体系和企业研发平台的建立、维护和改进负责，同时也负责研发项目的组织级管理。

（三）研发计划

计划逐级打开：研发战略的实施落地离不开研发计划，企业通常会依据战略制定年度研发计划，具体可以按战略性新产品、常规产品、淘汰品、企业研发平台来进行细分。年度研发计划制定后，还要继续分解到月计划、周计划，对于重点项目要制定专项计划。研发计划的实施还需要企业内营销、供应链、制造、人力资源、质量、财务等部门的协同，所以研发计划制定过程中要注意分解出相关的市场计划、供应链计划、制造计划、人力资源计划、质量计划、资金计划等。

研发的三级计划四级管理：以图 6.2.1 所示企业为例，其研发的"三级计划"指：技术中心研发计划、产品部（或研发部、事业部、业务单元）研发计划、研发科室计划（或研发项目计划）这三级；"四级管理"是指对"技术中心、产品部、研发科室、个人"这四级的管理，这样就将计划纵向管理到个人。

三、 精进研发体系

（一）精进研发体系架构

研发战略的落地需要整个研发体系的支撑，精进研发体系由研发战略管理、核心研发活动、企业研发平台三部分构成如图 6.2.2。

研发战略管理包括研发战略、组织架构和研发计划。

企业的核心研发活动包括：需求、设计、开发、测试、验证、发布和维护。

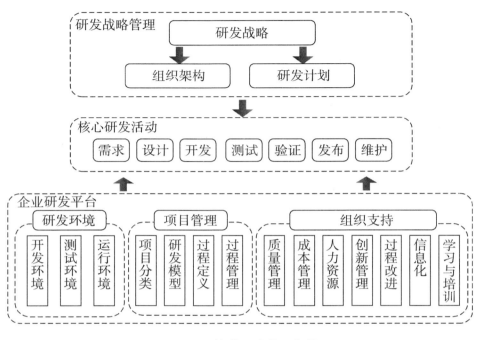

图 6.2.2　精进研发体系架构图

企业研发平台包括研发环境、项目管理和组织支持三部分。其中研发环境又分为开发环境、测试环境和运行环境。项目管理分为研发项目分类、研发模型选择、研发过程定义和研发过程管理。组织支持部分则包括研发质量管理、研发成本管理、研发人力资源、研发信息化、研发过程改进、研发创新管理、学习与培训等。

（二）核心研发活动

研发过程的本质是把客户需求点转化为产品功能点的过程。研发战略的落地离不开核心研发活动高质量、高效地实施。

1. 需求

（1）打开客户本源需求

需求是研发过程的输入，研发的产品、服务和体验如果脱离了客户需求，不能为客户创造价值，就是在耗费企业资源。需求可以分为需求开发和需求管理，如图 6.2.3。

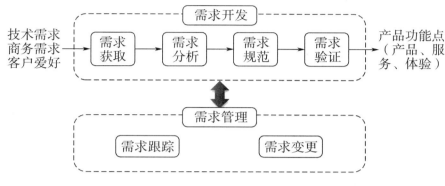

图 6.2.3　需求开发和管理

良好的客户体验建立在企业对客户本源需求的打开能力和管理能力上。客户需求应当从技术需求、商务需求和客户爱好三个维度来打开。想要真正打开并理解客户需求，就要顺着客户的业务流程走一遭，这样才能充分理解并打开客户的本源需求和需求架构。准确打开客户需求的能力决定了企业的创新能力，很多产品在开发的过程中不断改来改去，从根本上来说还是因为没有真正理解客户的本源需求。

（2）需求开发

需求开发主要包括需求获取、需求分析、需求定义和需求验证。需求开发的过程就是对获取到的客户需求进行分析之后，再把产品的专业属性和专业架构添进去，形成产品需求架构的过程。

（3）需求管理

需求管理主要包括需求跟踪和需求变更。在整个研发过程中有效做好需求跟踪和需求变更的管理，是避免研发失控的有效手段。

对于客户提出的需求变更，不能盲目地拒绝或盲目地接受，要基于企业的技术特长和客户实际业务流程，与客户共同找到最佳解决方案，这既是对企业负责，也是对客户负责。

2. 设计

设计的核心是在满足需求的前提下设计好产品技术路线。设计通常包括总体架构设计、总体方案设计、各组成部分的概要/详细设计、各组成部分间的接口设计，还包括测试方案、工装方案等专项设计。

设计阶段是保证产品质量和研发效率的关键阶段，精进研发强调在设计阶段要充分考虑产品的可重用、可裁剪、可组合、可扩展、可制造、可测试，以及产品化和工程化。很多企业为了赶进度，轻设计重开发，前端不做好设定，就会导致产品技术路线模糊，开发工作无序，开发后期不断进行变更和返工，同时还会给后续的测试、采购、制造、市场推广、安装、使用、维护和二次开发带来无限的麻烦，费时费力，这样下去研发效率必然低下。

企业在设计过程中，需要不断积累物料优选库、设计优选库、设计准则库及各种经验库和缺陷库，还需要建立起设计标准和规范，例如软件设计首先做好软件架构，要做到"高内聚、松耦合"，做好软件成熟度和产品的可靠性设计、适用性设计、健壮性设计等。此外设计过程一定要留下规范的设计文档，这样才能保证设计过程的可追溯、可继承，也更能促进协同开发。

3. 开发

开发过程是把前端的需求和设计进行产品呈现的过程，这个过程通常包括各种原理图、软件代码、硬件或机械类生产制造图纸、原物料的采购、工艺文件编制、样机的制造和调试、工装的制造和调试、产品集成、方案整合、系统联调等，而且还应包括各种支持类文档。

4. 测试

测试是帮助研发发现问题的主要手段，但是测试可以发现问题而不能穷尽问题，而且测试的目的不能只关注于发现问题和缺陷，还应关注如何能够不断从问题和缺陷中找到研发的规律和经验，从而采取有效的措施避免不再发生同类的问题和缺陷。

测试的原则是越早开展越好，测试要与整个开发流程融合成一体，贯穿于整个研发生命周期。

5. 验证

验证是验证研发成果在实际的环境中，是否能够满足最初的需求。这个环境通常选择在客户的实际使用环境，也可以选择在高度模拟客户实际使用环境的仿真实验室中。验证的方法可以邀请客户（或者用户）来参与技术评审、冲刺评审、原型评审、模拟试验、实操反馈、试运行评审、验收测试等。

6. 发布

发布是指将研发成果向各个环节发布，既包含产品向客户的发布，也包括产品向企业内部各个环节发布，例如：把市场宣传和推广资料发布给市场环节，把客户画像和销售指导价格等发布给销售环节，把配置选型、技术手册等发布给售前方案和售中设计环节，把采购BOM、生产BOM、生产图纸等发布给采购和制造环节，把安装维护说明等发布给售后工程服务环节，把各种基础研发资料和二次开发指南发布给产品维护人员，把基本产品BOM等用于成本核算的内容发布给财务环节等。发布活动通常是在研发过程中逐步进行，不一定非等到全部开发结束才启动。

7. 维护

研发成果发布之后，就进入了维护，维护主要涉及对研发成果进行必要的资质维护、功能升级、物料替代、二次开发、问题消缺，技术咨询等。

维护中的一个重要工作就是产品生命周期管理，这里的产品生命周期更多是从市场角度来讲的，不是产品的寿命周期。当产品进入淘汰期后，企业要思考产品的升级替代方案，在产品生命周期终结之前会发起产品退出流程，以便企业各环节进行评价并采取相关的预案。

（三）研发环境

研发环境是指支持产品、服务、体验实现的开发环境、测试环境和运行环境，通常包括：软件和编译开发平台、设备、工具、工装、支持软件、实验环境、研发场地等。

良好的研发环境不仅有助于研发效率和质量的提升，甚至有助于激发研发人员的研发创意，例如很多互联网和游戏公司，就把休闲、健身、娱乐、游戏等元素都融入其研发环境，也有的企业建立了专业的体验实验室，将产品、服务和体验集于一体。

互联网时代，新的工具的出现，很多东西可以自动生成，很多技术已经可以改变，整个社会都在向自动化、智能化方向演进，研发环境也是这样，企业应当搭建基于研发参与者体验的自动化研发场景，这里的研发参与角色除了设计、开发人员，还有测试人员、维护人员，甚至客户，企业应当使研发参与者在研发过程中获得简洁、高效的良好体验。数字化研发是企业发展的必然，其核心是要实现开发环境、测试环境和运行环境的标准化和自动化，使得研发活动平衡交叉、高度协同，可以从根本上实现研发质量和研发效率的提升。

（四）项目管理

1. 研发项目分类

依据研发输入、输出、工作量大小和难易程度的不同，通常将研发项目分为四大类：新技术研究、新产品研发、合同新产品、合同二次开发。

（1）新技术研究项目：根据研发战略规划，对于企业发展所需的关键技术、前沿技术、难度较大的技术，或者不确定性较多的技术，通常以新技术研究项目来进行预研和突破。

（2）新产品开发项目：根据研发战略规划，对于企业发展所需的难度较大或者工作量较大的新产品，通常以新产品开发项目来进行开发。

（3）合同新产品项目：对于已与客户签订了合同，但是难度较大、或不确定性较多、或工作量较大的情况，通常按照合同新产品项目来进行开发和实施。

（4）合同二次开发项目：对于已与客户签订了合同，只涉及常规性的改动，工作量不大或者难度较小的项目，通常按照合同二次开发项目来进行开发和实施。

2. 研发模型选择

常用的研发模型主要有：边做边改型、瀑布模型、增量模型、迭代模型、原型模型、敏捷开发等，企业可以根据自身状况、产品和技术特点，结合具体的研发项目来选择合适的研发模型。

例如：对于简单的合同二次开发项目通常可以使用边做边改型；对于界面或外观设计为主的项目通常选用原型模型；对于机械装备或硬件类等必须一次完成设计，返工成本较高的新产品开发项目通常使用瀑布模型；对于不能一次性地获取到所有客户需求的应用类软件项目通常使用敏捷开发模型。

3. 研发过程定义

企业需要结合各自所处的行业、需要开发的不同种类的产品、不同的研发背景、研发难易程度、需要投入的研发工作量、研发环境自动化程度、研发人力成熟度、企业管理成熟度等因素，来综合选择不同的研发模型和项目类型。经过选择后，可能只涉及部分核心研发活动，且核心研发活动的执行顺序也会不同，比如依次顺序、并行、迭代等方式。

但是如果企业的每个研发项目都进行这样的选择就会非常牵扯研发精力，而且会导致组织内部的研发管理随意性较高，容易导致研发失控。所以企业应结合自身状况，将常用产品或产品线，按照项目类型（新技术研究、新产品开发、合同新产品、合同二次开发）和适用的研发模型梳理出核心研发流程，对流程中的研发活动执行顺序、项目管理行为、模板和操作规范都要进行准确定义，并给出流程活动和裁剪指南。

4. 研发过程管理

技术领域的变化日新月异，所以大多数产品研发需要跨行业、跨专业、跨组织来进行，使得产品研发的复杂性和不确定性增加，这样就需要企业采用项目管理的方法来对研发项目进行管理，使复杂性和不确定性受控。

常用的项目管理方法和工具也同样适用于研发项目的过程管理，例如：质量管理、成本管理、进度管理、资源管理、干系人管理、沟通管理、采购管理、风险管理等。

研发过程必须要建立起统一的变更和配置管理，例如：软件代码、产品图纸、设计文档、技术资料、交付成果等都需要纳入配置管理，包括配置标识、版本控制、基线、变更管理、配置审计等。如何控制好变更，并把变更有效地传递到相关环节是关键。企业可以采用成熟的配置管理和变更管理工具来开展相关工作。

（五）组织支持

1. 研发质量管理

研发质量管理分为产品质量管理和研发过程质量管理。

产品质量管理：从某种程度来说，产品质量是设计出来的，所以研发环节必须高度重视产品质量，产品质量的两个关键维度就是硬件可靠性和软件成熟度。

研发过程质量管理：研发过程质量强调研发活动要遵循组织对研发过程的管理要求，例如需要选择哪种研发流程，经历哪些研发活动，遵循哪些研发标准等。

2. 研发过程改进

想要不断提升整个组织的研发效能，打造出稳定高质量的研发流程，不能只依赖研发个体的努力，还需要企业在研发实践中应不断积累过程数据和案例，不断进行数据分析、经验总结和分享，寻找改进点发起改进项目，从而对研发过程进行持续改进。

为了防止研发改进舍本逐末，通常研发过程改进活动要围绕企业研发战略和目标的达成，而且通常会以企业研发效率的提升、研发质量的提升、研发成本的降低等为目标。当企业管理成熟度到了一定程度时，就有能力对企业的研发过程性能数据进行统计和分析，甚至还可以基于量化技术建立并维护企业的过程性能基线和模型，从而使企业的过程改进活动更加精准。

四、 精进研发与其他业务职能板块的关系

精进研发是精进模式的一个重要业务职能板块，精进研发与精进其

他业务职能板块间的关键接口如图 6.2.4。

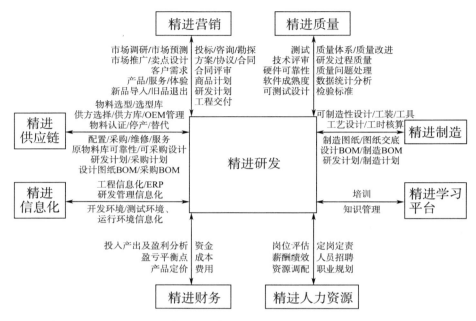

图 6.2.4　精进研发与其他业务职能板块的关系

第三节　精进供应链

　　要逐步打造合作共赢的价值链，为客户及战略合作伙伴创造价值。

　　供应链的有效管理必须做到物流、信息流、资金流的准确一致。

　　不只是在企业内部的各业务之间，甚至是在企业之外的上下游供应链之间也应逐步建立高效协作和互相信任的机制。

　　供应链在最近十年发展很快，强大的信息化平台和物流已经成为当今供应链的两个关键点。中国通过近些年的发展，尤其是在互联网、物联网等方面的发展，拥有了一个全球最强大的信息化平台，也拥有一个全球最强大的物流队伍，在新冠疫情期间，中国的物资供应链系统为社会稳定提供了一个非常好的支撑就是证明。

一、　供应链的发展背景

（一）企业所处的竞争环境

　　企业受四种竞争力的综合影响：行业竞争环境、购买者、供应商、潜在进入者和替代品，如图6.3.1。

　　企业在设定发展战略和业务定位时必须先去评估清楚所处的行业竞争环境、面对的购买者和供应商、以及潜在的进入者和替代品。

在整个的大工业体系之下，每个企业都是供应链的一环，单打独斗只会导致市场空间越来越小。和客户的合作变得越来越重要了，所以企业必须深入到客户的业务流程中，达成战略合作。

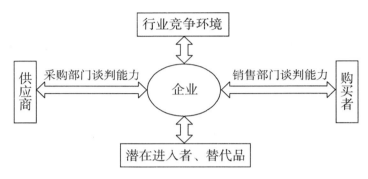

图 6.3.1　企业竞争环境分析

市场将由单个企业之间的竞争转向企业群之间的竞争，供应链与供应链的竞争。

市场竞争将由国内的、局部的、不完善的竞争转向国际的、全方位的、规范的竞争。

面对外部环境的变化，企业必须要思考清楚企业在整个大供应链体系下所处的位置，如何对企业供应链进行优化配置，如何形成高度的协作和合作。

（二）企业自身也是供应商

从大供应链的角度来讲，企业自身也是供应商。企业放在第一位的是能够准确理解客户需求，打开客户本源需求，否则必将造成行动的错误、资源的浪费、机会的丧失。企业要学会抓住所在行业的本源需求，打开客户的本源需求，多方合作为客户提供产品和服务，不仅要做到产品性能、质量、价格、交期符合客户标准，还要做到产品、服务和体验超过客户预期，这样才会给客户带来增值价值，也非常容易跟客户形成战略合作伙伴，甚至还可以与客户合作创造新客户。

（三）供应链模式的发展历程

供应链的发展可分人工模式、机械模式、机电模式、智能模式四个阶段。表 6.3.1 是几种模式的比对。

表 6.3.1　典型供应链模式比对

模式分类	说明	仓储物流方式	信息传递方式
人工模式	最早的供应链都是人工模式，有了商品交互就开始有了供应链	人工仓储，靠人、牲畜、木船来运输	人工
机械模式	随着工业革命的开始，机械模式开始产生，代表为蒸汽机	叉车、吊车以及各种机械仓储的应用 运输方式变为汽车、轮船、铁路等	电报、电话
机电模式	随着工业革命的进一步发展，出现了以控制自动化、机电一体化为主导的机电模式	自动化仓储、人物分离、条码、电脑、软件	电脑和软件
智能模式	现代社会的进一步发展，出现了智能模式，最典型的是各种各样的机器人	智能仓储，依靠互联网、物联网的发展，伴随 RFID 和二维码的使用，也做到了线上线下一体化	

早期的供应链主要指企业内部供应链，后期逐步出现大供应链的概念，而且随着社会分工，大供应链又形成了一些特殊市场。从早期分销体系到直销体系，到线上线下融合体系，推动供应链管理逐步升级起来。

二、 精进供应链的基本概念

（一）精进供应链的定义

精进供应链是由客户、采购方、供应商、制造商、仓库、配送中心和渠道商等构成的物流网络，是指企业从原物料供应商到最终顾客的所有活动，它包括供方管理、编码数据库系统、原物料采购、验收、物料搬运、储存、制造加工、销售配送、工程施工交验等。供应商和销售都是供应链上的一个环节。

供应链过程包括物流、信息流、资金流，强调物料的每一次移动都伴随着信息的接口和交换，都有成本的转移和发生，供应链的有效管理必须做到物流、信息流、资金流的准确一致。

物流：指从供应商的调查及选择、原材料采购、供应商供应原物料、原物料的验收、储存、领发、制造加工、制成品检验入库、储运，到配销到客户手中所经历的一切流通过程。制造企业的一个典型物流系统由三个部分构成：物流管理系统、制造系统和实体配销。

（1）物流管理系统：依照产品设计开发展开的零件、原材料及产品服务信息，然后去寻找供应商、制造商、代理商、进口商，经历储运、验收到储存；

（2）制造系统：企业内部领发料、加工装配、检验到成品储存；

（3）实体配销：销售环节物流中心进行实体配送，最终到客户。

信息流：是从大供应链的角度来说的，包含了相关的各个环节。企业运营中，需要信息传输以供决策、研发、计划、执行与控制，需要市场的商品信息、价格信息、品质信息、客户行为及需求信息，以达成快速响应客户需求和顺畅销售，通过信息化管理将客户需求分析、产品开发及企划、产品生产制造、产品储运及配销、工程施工、售后服务加以整合，以强化企业应变能力，提高全球运筹管理的效能，创造企业竞争优势。

资金流：从原物料、产品一直到客户手中各个阶段，都会伴随资金的流入及流出。它不仅仅反映的是资金多少，而是应收账款、应付账款、原物料、半成品、产成品资金形成的过程，能否有效控制决定了企业资金使用效率和风险控制能力。原物料的跌价准备、应收账款减值的准备、虚拟存货、资金周转效率等，分不清楚哪块占用多少资金，会造成大量资金占用的浪费，每一个环节都要对这块进行管理，要想尽办法做到物流、资金流、信息流保持一致。要把物流信息非常准确地反馈到和资金流相关的各个环节，否则看到的东西是失控的。

（二）精进供应链流程

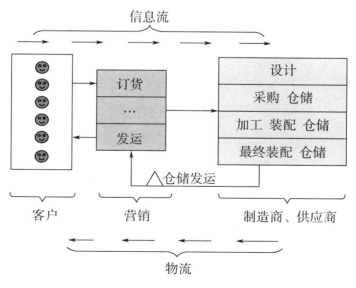

图 6.3.2　基本的供应链流程

精进供应链流程如图 6.3.2，是以客户为中心展开的拉式流程。

首先是客户，然后订货、设计、采购、仓储、加工、装配、发运，交付客户，过程中涉及客户、营销、制造商和供应商。供应链系统里首先是信息流，确定客户需求，设计、采购、生产交付客户。供应链过程中伴随着物流，其中采购、仓储、加工、装配、发运都是物流。交付信息流的方向是从客户到制造企业，物流是反过来运到客户那里，在这之间也伴随着资金流，这些构成了最基本的供应链流程。

（三）精进供应链管理的范围

客户、营销研究、设计、计划、存货、采购、供应商、地点、物流，都属于企业供应链的管理范围。

客户：是供应链的起点也是终点，是首要范畴，供应链宗旨是如何提升顾客满意度，供应链管理的运营就是为了在交货期、品质、成本、数量、服务等方面满足客户需求。

营销研究：要清楚在交货期、品质、成本、数量、服务等各方面了解客户需求，然后通过管理运作来满足客户需求。

设计：包含产品设计、制程设计，在整合客户需求信息后，通过产品设计、生产制程和服务制程的设计，满足客户需求。

计划：包含日程安排及制造进度、生产数量与产品质量的控制，合理的计划可以满足客户时间及质量的需求。

存货：存货水平的控制，一方面可以降低存货持有成本，另一方面可以防止缺货的发生，这正是供应链所追求的效益。

采购：采购使供应商得以与供应商整合在一起，通过采购功能，企业才能获得原物料。

供应商：是供应链的开端，在供应链上极为重要，企业外包业务

（外协）与日俱增，供应商在供应链上所扮演的角色日益重要。

地点：是供应链的重要因素之一，不管是供应商还是制造地，会影响成本与时效，地点对供应链管理效率影响很大。

物流：决定物料、商品的最佳移动路线及物料搬运、成品运输的成本，此项成本对供应链管理的效益影响很大。

（四）供应链管理的价值

1. 信息流的快速反应是供应链管理的核心价值

以客户为导向的供应链系统是以客户及市场信息为主的快速回应系统，可提升客户服务水准，让客户满意；信息流的快速反应能缩短接单、采购、储存、制造加工、配销物料流程的时间；通过信息的整合，缩短供应链回应的时间；强调全球化搜索原物料信息，降低原物料成本；提升企业对企业、企业对客户及企业内部的信息处理能力；有效整合企业采购、仓储、制造、销售、研发、财务、质量等业务职能，以提升企业竞争力；在快速反应的信息系统下，可以及早发现供应链的瓶颈所在并予以解决。

2. 低库存

降低制造商原物料、在制品、成品的存量，以降低存货持有成本及仓储成本；只制造和销售客户所需的产品，以降低滞销的库存。要注意，低库存、高供给率和及时送货同样是一把双刃剑，它使供应链中库存管理变得越来越复杂和艰巨。

3. 利润成本分析

企业的供应链非常重要，供应链也是企业主要的利润来源。例如：某企业采购原材料成本占60%，工资福利占20%，管理费用占15%，剩下的就是其纯利润。意味着100元可以带来5元的利润，如果物料采购可以降低1元成本，则相当于利润增加了20%，也相当于多卖了20元的产品。如果出现亏损，需要几倍于亏损额的合同也不一定能补回来。

所以要控制好供应链的成本和费用，控制好成本和费用的具体方式有：

（1）改进设计及工艺、降低原材料消耗：因为在一定的条件下，在工艺和原材料的消耗上做出比较好的改进意味着在同等价格上获得了更大的利润空间；

（2）增加销售量或提高销售价格：利润率不变销售量增加，利润额会增加。提高销售价格，同样也可以提高利润率。

三、 供应链战略管理

企业的供应链战略除了高质量、低成本、高效率地满足企业自身产品、服务和体验的要求外，还需要逐步打造合作共赢的价值链，为客户及战略合作伙伴创造价值。

战略管理的流程和方法，以及供应链战略的定义见本书第三章。

支撑供应链战略的供应链组织架构强调大供应链、大价值链，可按照不同企业的情况来分类分层管理，通常基本原则有：供方评估与采购要分开，询价与结算要分开，采购与询价要分离，采购与质量评价也要分离；结算与质量相结合，订单拉动询价与备案价询价相结合，比价采购与战略合作相结合；供应商认证与绩效考核实行统筹计划、分工负责；供应商定点定价自下而上集中评审；设置独立的供应链管理部门（或独立的供应链管理人员）等。

要加强供应链计划控制，尤其要注意各过程、各环节接口计划的管理。对实际执行过程中产生的差异和变化，要及时描述清楚，通过调整计划，使各过程保持畅通。各部门在制订和提报计划的过程中，一定要注意计划的实用性、实战性与可操作性。

四、 精进供应链体系

（一） 精进供应链体系架构

精进供应链体系包括供应链战略管理、供应链核心业务和企业供应链支持平台见图6.3.3。

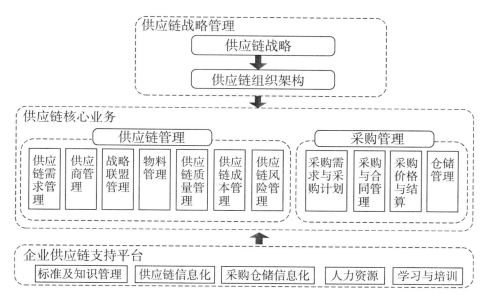

图6.3.3　精进供应链体系架构图

供应链战略管理包括供应链战略和供应链组织架构。

供应链核心业务包括：供应链管理和采购管理。供应链管理包括：供应链需求管理、供应商管理、战略联盟管理、物料管理、供应链质量管理、供应链成本管理和供应链风险管理。采购管理涵盖采购需求与采购计划、采购与合同管理、采购价格与结算和仓储管理。

企业供应链支持平台包括：标准及知识管理、供应链信息化、采购仓储信息化、人力资源、学习与培训。

（二）供应链管理

1. 供应链需求管理

客户需求来自于销售、研发、供应商，而管理需求则来自于企业要求，企业首先的需求是盈利，通过供应链的配置管理和谈判能力，在同样的中标条件下，为企业盈得更大的利润，确保供应链具有快速市场响应能力。需求管理同样要建立健全供应链管理体系，要求流程和制度简洁、有效，供应链活动向内部客户的业务流程延伸，尽早地参与研发和营销活动，由事后评审转型为事先提供信息服务，还要建立健全信息化工具，提高供应链配置与变更信息传递的及时性和准确性。供应链的研发技术需求有：研发 BOM、图纸、通用技术条件、物料规格承认书，供应链的工程技术需求有：工程 BOM、图纸、技术协议。供应链的商务需求中销售合同和技术协议书是基础，还要考虑客户爱好以及物料信息需求，如：标准、技术要求、配置、变更、测试，另外还包括供应商的信息需求。

2. 供应商管理

对供应商进行分类，然后区别管理。例如可以分为：战略合作供应商、合格供应商和临时采购供应商。合格供应商又可以分为：制造商、贸易商和代理商，包括 OEM 供应商，网络采购供应商。按物资种类可分为元器件、外协件、整机、软件、系统集成等类别的供应商。

对合格供应商进行分级：例如可以分为"推荐""备选""慎选"。

建立供应商定点定价管理的原则：对合格供应商，严格按照定点定价管理办法管理，例如每种原物料不允许唯一供方，原则上选择行业排名前三的原厂商等。对指定采购供应商、外包供应商、OEM 供应商，以及网络采购供应商都要建立完善的管理制度。

供应商资格认证：企业要建立供应商资格认证的管理规范，包括需求确认、采购环境调研、招议标、商务谈判、质量认证、供应商二方审核、试采购、试用、资格确认。

对供应商进行绩效管理：例如对供应商的红黄牌管理、动态的淘汰机制，甚至规定供应商淘汰比例。要设立好相关的考核标准以及考核的维度，包括技术、质量、售后服务、价格、商务、履约率、货期、交检合格率等。按照结果区分 A、B、C、D，分别对应表彰、维持、降级、淘汰等措施。

供方库及供应商的档案、协议管理：建立供方库，发布供应商明细，建立各类供应商的档案和协议管理。协议中可以对 EHS、廉洁及合规等提出要求。供方不要选的过多，否则会带来追溯、资金、成本、工程化等的难度。供方应尽量集中，便于与重要供应商建立战略合作伙伴关系。

招议标管理：涵盖编制招标计划、组建招议标小组、制定招标规则、编制发放标书、开标答辩、确定预中标供应商、原物料测试、现场审核、试采购、试运行、确定中标供应商、资料存档。

3. 供应链战略联盟、价值链管理

战略联盟管理是拓展和提升企业整体核心竞争力的必要方法。发展战略联盟是在自有资源有限的情况下实现企业系统解决方案的有效途径。精进供应链管理的战略目标是：基于企业品牌，建立一条连接客户端需求与下游供应商的端到端价值链，并使它能够随需而变。在这样的价值链条中，企业要处于主导地位。这就意味着不仅要与供应商建立战略合作模式，还要与客户、客户的客户以及分散在社会中能够为企业系统解决方案提供互补资源的各种组织建立战略合作，最大限度地发挥企业品牌价值，让企业及各方合作伙伴保持一种长期互惠合作的心态，从客户需求识别开始共同运作,通过双方业务流程和工作成果的对接,满足共同的客户需求,共同维护可信赖的战略联盟关系。

4. 物料管理

物料的编码、分类:物料编码强调的是一物一码,强调唯一性、扩展性、标准性、终身制。物料还应当进行分类,每个分类都要对应若干特征值。要从开始定义数据,这是物料管理的基础,也是后期实现信息化的基础。通过物料编码和分类,实现数据标准化、信息规范化,服务企业数字化建设。

物料选型管理:是供应链管理的核心流程。建立物料选型准则、控制新物料选型数量,提高物料的复用率,降低物料采购成本、测试成本、仓储成本、供应商管理成本,减少使用新物料的风险,提高产品可靠性。产品一旦选用了某物料,其质量、成本、可采购性基本上 70% 都已固化,后期的一系列改进、保障策略所达到的效果只能占到 30%,物料选型对企业产品的成本、质量影响重大。物料优选管理要建立优选库,提高物料复用率,提高批量、降低成本。要建立物料库、物料选型库管理。

物料可靠性管理:包括物料可靠性、物流过程可靠性、物料的失效分析以及物料生命周期管理。物料可靠性是整个可靠性中非常关键的一个环节,物料的选型和认证构成产品的物料的基本可靠性。从某种程度上讲,原物料的生命周期构成了产品的生命周期。

5. 供应链质量管理

供应链质量管理就是对分布在整个供应链范围内的产品质量的产生、形成和实现过程进行管理,从而实现供应链环境下产品质量控制与质量保证。构建一个完整有效的供应链质量保证体系,确保供应链具有持续而稳定的质量保证能力,能对用户和市场的需求快速响应,并提供优质的产品和服务,是供应链质量管理的主要内容。包含供应商质量认证、供应商质量目标、供应商质量协议、供应商质量改进计划、物料质量控制、样品封样、物料认证等。

对供方的质量，企业要一边做一边建立起统计分析，包括质量问题、质量反馈、质量改进，将其作为一个每年评价供方的基础依据。要建立供方的基本数据库和选型库，对新增加的相关物料进行评价，提升配置管理水平。制造环节和设计环节涉及到的供方质量管理要建立基本的标准，一步步细化并控制到位。供应商整顿不仅仅是简单的价格控制问题，更重要的是质量保证。

6. 供应链成本管理

供应链成本管理包括企业在采购、生产、销售过程中为支撑供应链运转所发生的一切物料成本、劳动成本、运输成本、设备成本等。供应链成本管理是一种跨企业的成本管理，其超越了企业内部，将成本的含义延伸到了整个供应链上企业的作业成本和企业之间的交易成本，其目标是优化、降低整个供应链上的总成本。要进一步结合自身特征打开，如某高科技企业可以按照嵌入式、IT类、软件类、系统集成类、一次设备等产品类别来对供应链成本进行分析。

原物料采购中很重要的是物料价格管理，包括询价、备案价、采购环境监测、备货催料等，大宗物料变化要及时跟踪趋势。

采购要考虑经济批量的概念，在研发的优选库和基础数据库中也要建立起经济批量的概念，预防后期的追溯和维修成本的增加。对于软件产品更多考虑其产品化和工程化，硬件产品很重要的就是要考虑经济批量问题，对原物料的优选、典型电路、典型设计都是为了更有利于形成经济批量。

7. 供应链风险管理

要对风险域和风险因素进行识别，对每一项风险因素包含供应商认证风险、变更风险、法律合规风险、采购环境风险、物流风险、物流生命周期的风险，均应制度化并建立相关的标准和预防措施，融入日常工作流程。

（三）采购管理

1. 采购需求与计划

企业采购需求大部分来自于营销计划和研发计划，还包括年度战略物资备货、关键物料采购计划、超长物料储备计划。

2. 采购与合同管理

包括采购环境评估、采购模式多元化、渠道管理、招议标询比价、合格供应商指定报告、外包背靠背付款、合同审计、签章、协议管理、档案管理等。

3. 采购价格与结算管理

采购价格与结算管理主要包括对备案价、标准价和采购价的管理，还包括账期、进销发票、资金计划和应付账款的管理。

4. 仓储管理

仓储管理包括：入库管理，货物存放，出库管理，出入库台账，仓储时间管理，仓储成本管理，呆坏料处理。

仓储管理最前端是入库检验（通常对数量、外观等进行检验），入库单要相应填好。货物的存放要分区、分层、分类定置管理，出库管理必须要有出库单，出入库卡片管理的混乱就代表着原物料的管理是混乱的，出入库的台账也必须做好规范，当然还有仓储时间管理、成本管理及呆坏料处理。

进料验收需要辨认供应商、确定完工日期与验收完工日期、决定物料名称与品质、清点数量、通知验收结果、退回不良物料、归库等，均做好相关记录。

检验方法包括全检、抽检、随机抽样等方式，对于所谓的免检产品不能简单的说不检，免检是指在有效的体系下已经经过了有效验证的前提下才可以免检。

发料、领料、退料与催料管理：要建立领发料的制度和流程，确定发料、领料的方式，领料的时间管理，委外加工发料的管理。通常规格不符的原物料、超发材料、不良物料、呆料和废料都要退料缴库，绝不允许中间处理掉。催料管理要建立相关标准，通常强调自动督促制度。

物料盘点是仓储管理非常重要的一点，盘点是仓储人员经常要做的，盘点的目的是确定物料现有数量，并纠正账物不一致现象，还有检查物料管理绩效、进而加以改进并计算损益。通常企业年底一定要进行非常全面的盘点，还要详细分析盘盈和盘亏的原因，年底盘点是否准确财务环节也有直接责任。除了年底盘点外，日常还要做好月份的盘点，这些也是财务归置成本的基础，当然也包括在制品和产成品盘点。

呆料、旧料、废料、残料预防与处理：呆料指存量过多，耗用量极少，而库存周转率极低的物料；废料指报废的物料；旧料指使用或储存过久，已失去原来性能；残料指制造加工中发生的料头等。呆、旧、废、残要建立相应的处置机制，将其价值最大化，对其疏于管理本身就是一种浪费。

（四）建立各种流程、评价标准和模板

对供方管理、采购合同、质量保证及索赔等事项建立标准、文档和模板，其重点是针对供方。

引入新供方要按照流程和模板对其进行评价。模板的基本模式是一样的，放在第一位的是标准，标准有国标、行标、企标以及相关的规约

等，最为重要的是企业标准；第二位是质量模板，如电子元件的关键测试极限和条件等；第三位是时间性，如标准的时间性和条件的时间性等，以及成本、可采购性等，这些构成供方评价的最基本模板，也是最基本的条件。此外，最基本的竞价规则也要建立模板。

五、 精进供应链与其他业务职能板块的接口

精进供应链是精进模式的一个业务职能板块，精进供应链与精进其他业务职能板块间的关键接口如图 6.3.4。

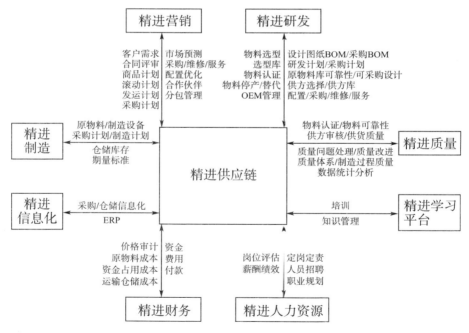

图 6.3.4 精进供应链与其他业务职能板块的关系

精进供应链强调合作和协作，尤其是信息的交流、资源的互补、高效的协调以及互相的信任。这里不只是在企业内部的各业务之间，甚至是在企业之外的上下游供应链之间也应逐步建立高效协作和互相信任的机制。

第四节　精进制造

工序是组成生产过程的基本单位，所以做好工序管理是做好制造管理的基础。

生产过程组织就是生产过程的各个阶段、各个工序在时间上、空间上衔接与协调，在满足客户需求的前提下，内部控制好生产节拍，均衡生产。

建立在工序上的"人、机、料、法、环、测、安全"，是实现工序自动化、产线自动化、车间自动化，乃至智能工厂的基础。

从石器时代制造石器工具开始，制造就不断地推动人类从文明走向文明，某种程度上说制造就是一种文明。

"生产力决定生产关系"，这其中对于生产力的描述就和制造有莫大的联系，社会分工推动了工业革命，极大地推动了生产力发展。从手工业到工业革命，社会商业模式依次从制造模式、渠道模式、平台模式、线上平台模式、到线上线下平台一体化模式、纵向一体化模式、横向整合模式、代工模式等进行演变（几种模式的说明详见本书第七章），在这个演变过程中，制造是社会商业模式演变进化的基础。

当下我们的吃穿住行都和以前大不一样了，这也要归功于制造的发展。即使是在信息化社会的今天，更离不开制造，比如离开了芯片制造，就不可能有服务器、电脑、手机、传感器等，也就不会有今天的互联网、物联网。今天高端制造已经成为高科技的代表，中国是个制造大国，中国制造在全球的很多领域都做到了领先。在全球产业链里，无论反应速度还是规模，中国制造都是领先的。就像 2020 年的新冠肺炎疫情防控一样，没有哪个国家可以像中国这样，能够如此快速地组织起这么多的防疫物资和设备。但同时中国制造业被卡脖子的地方还是在制造，比如芯片制造和芯片设备制造。

一、 精进制造的基本概念和制造战略

制造：就是把原物料加工装配成适用的产品。

精进制造：就是基于工序的"人、机、料、法、环、测、安全"的制造过程持续改进，从而实现高效、优质的制造。

企业制造战略通常围绕着"高质量、低成本、高效率"，企业制造战略的发展方向就是通过发展自动化制造和智能制造，逐步实现企业数字化、智能化，并最终做到工业数字化和工业互联网。

工业数字化和工业互联网不是一句口号，它们带来的最大变化是体验，这种体验会超出想象。数字化以后可以把工厂看成是一个大数字中心，基于该数字中心开展工作，带来的体验完全不一样。

"高质量、低成本、高效率"三者是结合在一起的。有人觉得高质量和低成本是矛盾的，觉得质量高价格也应该高。其实，社会发展到现在，产品首先要达到一定的、客户可接受的质量等级，客户才会购买你的产品，在相同质量等级下，谁的产品成本更低，则更具吸引力。有时还会觉得要实现高效率，就会牺牲质量。事实上，由于工装、产线的使用，使得制造业的效率大幅提升，同时还带来了高质量和低成本。

中国改革开放前，社会生产力相对落后，人民生活物资凭票供给，改革开放后，中国引进了大量的产线和设备、先进的工艺，以及制造的管理方法，从而快速提高了中国制造的产能。现代社会，老百姓可以享受到林林总总的产品，从服装、家电，到车辆，这些都是因为社会发展到今天已经具备了一定的高质量、低成本和高效率的模式，这是社会发展的趋势和必然。

二、 精进制造体系

（一）精进制造体系架构

精进制造体系如图 6.4.1，由制造模式、工厂设计、生产管理和生产支持四部分构成。

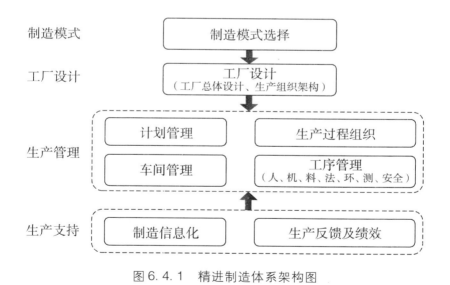

图 6.4.1　精进制造体系架构图

制造战略包括对制造模式、工厂设计、生产管理和生产支持系统进行选择。

生产管理包括计划管理、生产过程组织、车间管理和工序管理。

生产支持包括制造信息化、生产反馈及绩效等。

（二）制造模式选择

制造模式按规模可分为：小批量生产方式、中批量生产方式、大批量生产方式；按自动化程度又可分为：半自动产线、全自动产线、智能化产线。在企业实际运作中，常见的有全智能化工厂、无间断流水线、大批量流水线、多品种小批量柔性生产、单件小批量生产这几种模式。

1. 全智能化工厂

全智能化工厂的主要特征有：以智能设备、智能化产线、智能物流系统、智能化辅助系统为主体；以互联网、物联网、云、大数据为基础，企业的设计数字化程度也必须满足智能工厂需要，企业 IT 系统必然实现智能化；工厂的原物料传输、工装工具更挨、加工、装配、包装、仓储全过程自动化；由于成本高昂（因为设备、智能化投入较大），所以仅在小部分特别高端地方需要。

近几年全智能化工厂最具代表性的是比较新兴的芯片产业，这些工厂都是无人工厂，科技水平较高。全智能化的智慧工厂不是一天打造的，而是在多年的基础上逐步打造的。最早是设计的智能化和机电的一体化，然后把计算机、网络、软件和 IT 逐步融合进来。

2. 无间断流水线

无间断流水线模式比实现智能化模式相对更容易一些，最适合早期的自动化模式，通常都是系统一体化（有平台、有嵌入式，也要有各种各样的应用），适用于电力、化工、供水、供暖等行业。

3. 大批量流水线

大批量流水线模式指大规模定制，产品单一、效率高、成本低的生产模式，适用于汽车、家电、服装等行业。

4. 多品种、小批量柔性生产

客户需求多元化，客户响应速度快，柔性要求高，设备、工装、仪器仪表、员工、产线管理都具备柔性能力。

5. 单件小批量生产

单件小批生产模式是制造业早期的手工作坊模式，目前也依然存在，比如造船、大型核电设备等。

随着技术的发展，有些模式也开始融合，大批量流水线模式开始向多品种和柔性方向发展。加工设备开始融合，比如传统的加工设备是单一功能的，例如加工车床，然后出现了组合式机床，后来是加工中心，加工中心通常是可编程的，也具备了高度的柔性。工装也出现了柔性，比如组合式的工装，可以根据需要拼装的工装，这使得加工能力具备了强大的柔性。一条生产线要具备可以生产多种型号产品的柔性，这就需要设计时，各种型号的产品以最小的差别体现在客户处，这样的成本才是最低的。

（三）工厂设计

工厂设计主要包括工厂总体设计和生产组织架构。

1. 工厂总体设计

工厂总体设计的要点包括：厂址、产品方案、建设规模、专业化协作、范围、投资规模、经济效益等；水、电、气、暖等基础配套、设施；设备、工具、工装、仪器仪表；生产线、工作台；物流、运输、周转、原物料、在制品、产成品；仓储：原物料库、在制品库、产成品库。以上这些大都和土建、工艺、以及布线有关系，通常以物理需求打开。

2. 生产组织架构

生产组织架构主要关注职能部门和车间的组织架构。职能部门包括：计划调度、技术工艺、检验计量、财务、人力资源、综合部门、动力部门等；车间组织架构包括：车间、班组、工作台。在产量少的情况下，车间和班组可以一体化。

（四）生产管理

生产管理包括：计划管理、生产过程组织、车间管理和工序管理。

1. 计划管理

生产计划可以从不同维度来打开，例如：可以打开为工厂生产计划、车间计划、班组计划这三级计划，四级管理到个人。也可以按照年度计划、季度计划、月份计划、日作业计划来打开。还可以按照物料计划、在制品计划、产成品计划打开。此外还有设备计划（大修和维护计划）、工具工装计划，资金、成本、费用、利润计划，质量检验计划，人力资源计划，安全计划，成品库计划等。

2. 生产过程组织

生产过程组织就是生产过程的各个阶段、各个工序在时间上、空间上衔接与协调，在满足客户需求的前提下，内部控制好生产节拍，均衡生产。具体包括：设计图纸和设计 BOM；工艺流程、工艺方法；工艺又可以根据具体的产品属性继续分为加工工艺和装配工艺；检验流程及方法；物料、设备、工装产前准备；人员培训及上岗；按计划，跟订单，保质保量均衡生产。

3. 车间管理

车间管理就是建立以车间为核心的流程，强调工厂内的各个职能部门都是为车间服务的。把流程串起来，计划调度、原物料、设备、工具、工装、质量、人力资源、成本、费用、绩效都建立以车间为主体的管理模式。

车间可以按产品或按部件来分，如：××产品车间、大件车间、小件车间等。车间也可按制造属性分为：新产品试制车间、加工车间、装配车间。

车间管理要做好总监（线长）职位工作分析，确定绩效标准。建立总监（线长）绩效模式是基础，否则很难做好向下的班组绩效。

总监要负责建立以下相关的制度和流程，管理监控好以下工作：产品作业计划，产线的日投入、产出管理，领发料、在制品管理；工装、设备使用维护台账；工序与工序之间交接记录，工序流程管理；5S 管理；定额的标准与管理、成本管理；员工培训；绩效考核。因为车间通常按产品和专业属性划分，所以按产品和专业属性来分别考核更合理。

4. 工序管理

工序是组成生产过程的基本单位，所以做好工序管理是做好制造管理的基础。

工序打开：做好工序管理就要把制造的每道工序都打开，每道工序都是由一个或一系列活动构成，每个工序都有输入和输出如图 6.4.2，通常从整个工序的输出测试来看该工序是否达到了要求，管理好每一道工序，从而保证输入和输出的正确。

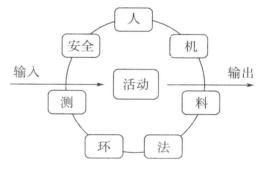

图 6.4.2　建立在工序上的"人、机、料、法、环、测、安全"

工序标准：把每一道工序按"人、机、料、法、环、测、安全"来建立工序标准，如果没有工序标准，过程不受控，则无法判定输入和输出是否正确。

全智能化工厂的工序管理：建立全智能工厂的前提，就是完成了建立在工序上的"人、机、料、法、环、测、安全"，而且全过程实现了流程自动化和数字化。下面对全智能工厂里面的"人、机、料、法、环、测、安全"进行说明：

（1）人：全智能工厂里看似没有人，但一样需要人，设备是需要人来制造的，生产过程需要人来监视，出现故障后需要人来处理；

（2）机：机器要走向智能化，则机器相关的所有数据必然要实现数字化；

（3）料：料要走向智能化，则料相关的所有数据必然要实现数字化；

（4）法：工艺方法已经完全融入智能工厂；

（5）环：智能化工厂通常对环境要求较高；

（6）测：完全融入工序中，例如自动化测试；

（7）安全：将安全建立在工序上，设计中考虑了如何避免隐患，以及万一发生故障如何自动消减故障的影响。

5. 6S 管理法

国内常用的生产现场管理方法是 6S 管理法，源自于丰田的 5S 管理法，6S 管理法主要包括以下内容：

整理 SEIRI	强调把有必要和没有必要的人、物、事分开，只保留必要的必须品，达到提高效率、降低成本，保证安全
整顿 SEITON	在整理的基础上整顿。必须品摆放整齐有序，人、事、物定量、定位
清扫 SEISO	清除现场脏污，清除作业区物料垃圾，保持现场干净明亮
清洁 SEIKETSU	将整理、整顿、清扫制度化、规范化，维护其成果。最关键强调工序的标准
素养 SHITSUKE	按章操作，依规行事，养成良好习惯
安全 SECURITY	安全必须建立在工序的基础上才能确保安全

图 6.4.3　6S 管理法

很多人对 6S 管理法存在认识误区，认为 6S 就是浪费时间的面子工程，而实际上通过 6S 的持续改进和优化，除了可以带来工作现场的环境整洁外，还可以提高空间、资金、设备的使用效率，提高工作效率，保障安全生产等。

（五）生产支持

生产支持主要包括制造信息化、生产反馈和绩效等支持生产管理的活动。随着制造模式升级，生产支持系统的权重在逐步加大，最终生产支持系统会全覆盖生产管理系统，出现自动化制造、全智能工厂。

1. 生产反馈及绩效

生产反馈及绩效包括：是否符图；是否符合工艺流程、标准；计划完成率；优等品率、合格品率、返修率、废品率；关键工序检验结果；成本、费用及工厂、车间利润；评价工作成果，发放绩效等。

2. 制造信息化

智能工厂是一种趋势：包括数字化、价值网络变化、客户需求个性化、商业模式变化和嵌入式系统。制造信息化强调整个价值链，也就是从需求、研发、物流、生产到服务的全过程。

三、 精进制造价值链

流程再造是 20 世纪 90 年代盛行的一种管理思想，在进行制造流程再造时，很重要的是要弄清楚流程从哪里来的？精进模式强调流程的起点和终点都是客户，但是精进模式还要研究流程的价值在哪里？要找出来流程中哪些是真正创造价值的环节，哪些是必须去掉的浪费的环节，又要识别那些虽然不创造价值但又是必须的环节（例如测试），然后尽量减少这种环节，去挑战创造价值的环节，这才是制定流程和流程再造的基础。

制造价值链的关键方包括：客户价值、前后工序价值、原物料合作伙伴、部件协作配套厂家、OEM 战略伙伴，以及提供设备、工具、仪器、仪表的公司，企业需要与这些价值链的关键方都建立起相关的制度和流程。

四、 精进制造与企业其他业务职能板块的接口

精进制造是精进模式的一个业务职能板块，精进制造与精进其他业务职能板块间的关键接口如图 6.4.4。

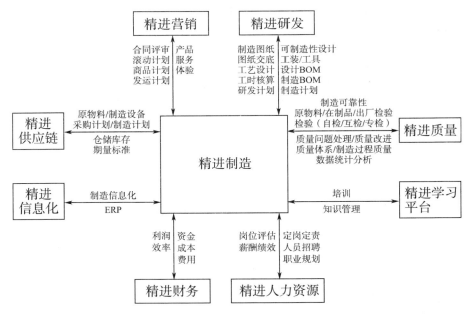

图 6.4.4　精进制造与其他业务职能板块的关系

第五节　精进质量

质量代表了企业的综合能力。

"可靠""简洁""适用""健壮"。

产品质量战略、服务质量战略、体验质量战略是企业核心的质量战略。

质量是一门科学，也是工业文明的象征，是企业品牌的基石。无论是产品还是服务，若没有质量的支撑，都是空中楼阁。

质量是企业的生命，质量的提高需要付出巨大的努力和心血，质量提高是一个全员参与持续改进的过程，全体员工没有人可以置身事外。企业要打造全员、全过程精进质量管理模式，创造出领先的产品、服务和体验，满足不同客户的需求。

一、精进质量的基本概念

（一）精进质量的定义

精进质量是以客户为中心，以市场需求为前提，充分利用营销、研发、供应链、制造、财务、人力资源、信息化等方面的质量标准、业务流程、基本数据库，使企业全体员工的工作质量持续提升。通过预测、分析和改进企业产品、服务或体验在营销、研发、供应链、制造、财务、人力资源中出现的问题，使产品、服务和体验质量达到国内国际领先水平。

质量代表了企业的综合能力。"质量"并非企业自我评价的结果，而是需要经过第三方测试、客户测试，并经过客户使用，最终由客户给出的评价。社会的发展始终伴随着质量的提升，客户的质量需求也在不断提升。

（二）精进质量方法论

精进质量方法论如图 6.5.1，就是将众多与质量相关的方法结合在一起，同时结合成功企业的实践来创造的一系列管理方法的集成。它包括：工作质量、CMMI、可靠性、测试、精益生产、质量成本、质量环境、ISO 9001、ISO 14001、ISO 45001 以及其它国内国际行业认证体系、朱兰质量三部曲和波多里奇卓越绩效模式等。

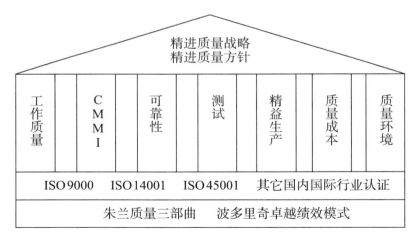

图 6.5.1　精进质量方法论

其中，朱兰质量三部曲是一套内容涵盖广泛又极其完整的理论体系。波多里奇的卓越绩效模式早在 20 年前就被西方国家普遍采用，取得了大量的成功实践。精益生产起源于日本丰田，从上个世纪到现在，在生产要素和质量控制方面都是一座丰碑，是当前工业界最佳的一种生产组织体系，强调的是生产的全面质量管理（TQM）、流程再造、拉式流程、一个流、JIT、柔性制造、零库存、5S、TPM（全员生产维护）。CMMI 是上世纪 80 年代美国国防部为降低软件质量损失委托卡耐基梅隆大学的软件工程协会开发的一套软件管理标准，它提升了整个软件的质量和效率，降低了软件成本，促进了软件行业的社会分工。

以下重点就工作质量、可靠性、测试、质量成本和质量环境进行说明。

1. 工作质量

工作质量是对企业的工作过程、环节、工序的输入、输出和活动的过程控制，用于评价一个过程、一个环节、一道工序的内部质量。例如：对于制造过程来说，输入是原材料，活动是加工过程，输出是半成品和产成品。

保障工作质量，要做好以下几方面：

（1）分析所处的工作环境，包括：生态环境、经济环境、政治环境、社会环境、企业环境、家庭环境等；

（2）做好知识、技能、制度、流程、标准、岗位绩效等相关工作；

（3）抓好执行质量。再好的制度、流程、标准，没有执行都等于零，这是做好工作质量的一个核心要求；

（4）做到客户导向，价值导向。

管理是一门科学，一门艺术，更是实践。企业中常见的提高工作质量的具体实践有：

◎设定一个比较高的目标（比如工作效率提升 10 倍），并说清楚目标实现的价值，真正的成功者敢于设定高目标；

◎做好工作计划，过程控制，工作质量评价及改进；

◎擅用逻辑思维和灵感，提高决策效率和有效性；

◎让合适的人到合适岗位，在工作中对事不对人；

◎强调跨专业、跨行业行动，以打破专业、行业壁垒；

◎掌握新科技，思考如何用 IT 或人工智能来替代现有工作；

◎掌握快速有效的沟通方法，能够换位思考，并转换视角；

◎充分发挥员工创造性、自主性，因为最好的制度、流程、标准就是释放；

◎管理好自己的时间，管理好自己的身体；

◎强调高效率的正确工作，不是穷尽问题，而是找到方法；

◎敢于提出自己的见解，敢讲真话，不怕失败；

◎主动承担责任，敢担当，会担当；

◎不断学习，生命不息，创造不止；

◎协作是企业动力，分享让自己更聪明。

2. 可靠性

这里的可靠性是指在规定的条件下，在规定的时间内，产品完成规定功能的能力。它强调的是一定条件和时间，脱离这两个条件来谈可靠性毫无意义。

产品可靠性构成如图 6.5.2，主要包括可靠性设计、原物料可靠性、可靠性测试、供方可靠性、生产过程可靠性和系统工程可靠性。

可靠性设计：产品可靠性首先要强调的是可靠性设计，前期不进行有效的可靠性设计，后期无论怎么控制，都会存在缺陷。在产品设计初期就要建立可靠性模型，开展可靠性预计、分配、评估，从初期就定义好性能参数、基线、失效和寿命等。

原物料可靠性：包括物料选型、替代、不同原物料可靠性指标、质量等级。

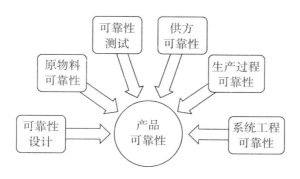

图 6.5.2　产品可靠性构成

可靠性测试：作为产品可靠性调查、分析和评价的一种手段，包括模拟试验、现场试验、环境试验、寿命试验、鉴定试验。

供方可靠性：包括供方评估，可靠性体系，过程控制。

生产过程可靠性：包括设备、工装、原物料状态、测试、流程、工艺。

系统工程可靠性：包括 FEMA，跨部门、跨企业、集成类可靠性管理方法从系统环境开始到系统缺陷管理，它注重关联性功能、接口和中间件。

3. 测试

测试可以分为硬件测试和软件测试。硬件测试是对硬件质量的度量，具有试验性，通过专门设备、工装、仪器仪表，设计合理的试验方法，以及进行必要的信号分析与数据整理，从而获得被测对象有关信息。包括对原物料、装置、系统的测试。软件测试是对软件质量的度量，用来鉴定软件的正确性、完整性、可靠性、适用性、健壮性的质量过程。软件测试需要从软件架构开始进行规划，从产品架构到结构化开发过程（包括结构化分析与设计、结构化评审、结构化程序设计和结构化测试），也就是说，测试与整个开发流程融合成一体。

在企业中，测试是产品研发的重要流程，测试对产品质量要起到支撑和监控作用。测试方法可以分为静态测试和动态测试，也可以分为黑盒测试、白盒测试和灰盒测试。

4. 质量成本

质量成本是指企业为了保证和提高产品、服务或体验质量而支出的一切费用，以及由于未达到质量标准，不能满足用户和消费者需求而产生的一切损失，主要包括：预防成本、鉴定成本、内部损失成本和外部损失成本。

5. 质量环境

质量环境是指支持质量的环境。例如检测中心、检测设备、检测工具等企业内部质量环境，也包括第三方检测、客户检测等企业外部质量环境。其中企业内部质量环境是保证产品质量的基础，而第三方检测和客户检测则是产品进入市场的通行证。

二、 质量战略

产品质量战略、服务质量战略、体验质量战略是企业核心的质量战略，质量战略就是研究如何使其逐步达到国内、国际领先水平，质量战略是企业获取长期竞争力的基础。

质量战略落地的基础是企业要建立起整个企业内的质量意识和质量文化，保证每一个人、每一项活动的结果都能准确、正确，符合法律、标准、流程和要求。

（一）质量方针

通常企业的质量方针是企业质量文化的总体呈现。常见的质量文化有"可靠""简洁""适用""健壮"。

可靠：对客户而言，无论产品还是服务，"可靠"始终是第一位的，这是精确识别客户技术需求和商务需求的根本，也是保证客户系统具备持续竞争优势的根本。用高质量的管理流程来确保高质量的工作过程，才能不断创造出高质量的产品。

简洁："简洁"就是要求企业提供给客户的产品、服务和体验简洁、标准；实现客户业务流程简洁、标准；保障客户操作运行和维护的简洁、标准。

适用：简单来讲客户买产品、服务和体验是拿来用的，只有能够获得客户满意和称赞的产品才能称之为"适用"。

健壮："健壮"指产品的容错能力、纠错能力、抗干扰能力和自愈能力。

（二）质量组织架构

图 6.5.3 是某企业相对完善的质量组织架构，由于各企业规模和属性不同，其组织架构也不相同。

企业内部以产品质量、服务质量和体验质量为主导确定一条线，以工作质量为主导确定另一条线，将这两条"线"进行有机结合，把企业所有与质量相关的环节和要素都纳入进来。

（1）专门的质量部门：企业内通常会设立专门的质量部门，负责整个企业的质量体系规划、建设和维护，同时还会牵头组建企业内的质量组织架构，明确各个质量环节的岗位职责，牵头确定质量绩效与考核机制，并对相关质量人员开展培训。

（2）各业务环节的质量管理：完善的质量管理组织架构需要融入到企业每一个业务环节，所以图 6.5.3 中该企业的营销、研发、制造、工程服务等业务部门都根据各自业务设立质量机构和人员，各业务部门还应

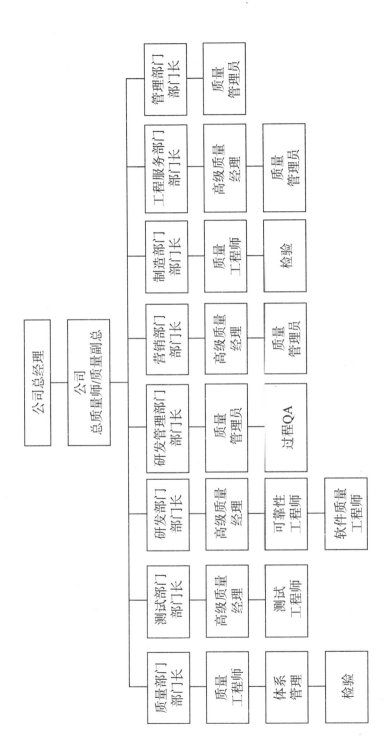

图6.5.3 某企业质量组织架构图

当负责理清各自的质量职责、质量流程、质量标准及绩效评价的方式。企业要实现各业务部门中质量人员的双向考评，即业务部门与质量部门都要对业务部门中的质量人员进行考评。管理部门中也有相关的质量职能，例如图 6.5.3 中企业的管理部门中也有兼职的质量管理员。

（3）测试部门：测试部门受研发和质量的双重管理，测试的组织架构通常由企业独立的测试部门和研发部门内部的测试部门共同组成。

（4）常见的质量角色：企业中通常会根据各个部门的职责不同，来设置不同的质量角色，例如负责常规质量保证的质量管理员、负责测试的测试工程师，负责检验的检验员，负责研发过程管理的过程 QA，负责硬件研发可靠性的可靠性工程师，以及负责软件质量的软件质量工程师等。

（5）工作质量：工作质量不需要单独设立组织架构，通常每个业务环节的"一把手"就是本环节工作质量的第一责任人。

三、 精进质量体系

（一）精进质量体系架构

精进质量体系如图 6.5.4，由质量顶层设计、业务质量管理和企业质量支持平台构成。

质量顶层设计包括质量战略、质量目标与计划、质量文化、质量体系管理等。

业务质量管理包括营销、研发、供应链、制造、工程等业务的质量，每个业务环节都有特定的质量控制方法和手段。

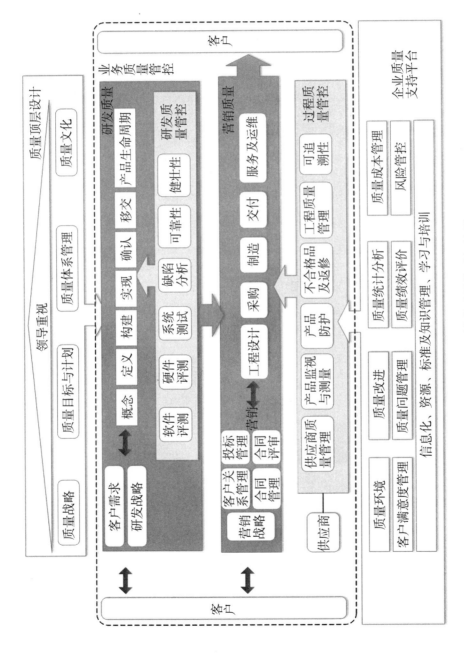

图6.5.4　精进质量体系架构图

企业质量支持平台包括信息化、资源、标准及知识管理、学习与培训、质量环境、质量改进、质量统计分析、质量成本管理、客户满意度管理、质量问题管理、质量绩效评价、风险管控等。

任何一个企业和单位都必须建立各自的质量体系，精进质量体系既包含了产品、服务和体验质量，也包含工作质量。

（二）企业质量支持平台

1. 质量问题管理

质量问题管理的原则是建立完善的质量问题管理机制，发现质量问题必须在第一时间反馈，所有质量问题必须得到关闭，所有质量问题及其处理必须留有记录。常见的问题如：客户投诉、事故处理、不合格品（项）、工作质量等。

客户投诉处理：要求"积极应对、快速响应"。

事故处理：要求按照责权相当的原则，强调谁的产品谁负责、谁的区域谁负责，快速有效做好事故处理。对于较重大事故同时进行质量预警以增强管控。

不合格品处理：要求各层面、各环节员工做到不制造不合格品、不放过不合格品、不接收不合格品。

工作质量问题处理：要求出现各类工作质量问题时，组织相关环节进行分析判定，明确责任和改进措施，对责任部门和人员进行考核。

2. 质量绩效评价

质量绩效评价要求根据不同的业务过程，设定相应的质量绩效评价的维度，设定相关的绩效目标，质量信息平台为其提供支持。图 6.5.5 是典型的企业质量绩效评价体系示例。

质量绩效评价体系							
质量目标	质量成本	质量改进	内外部客户投诉	质量问题处理	过程质量	服务响应	考核与奖励
质量综合信息统计平台	质量成本管理体系	质量改进管理制度	客户投诉管理制度	问题管理制度	质量审核及目标统计	质量目标统计分析	绩效评价考核体系

图 6.5.5　企业质量绩效评价体系示例

3. 质量学习与培训

质量学习与培训包括新员工入厂培训、意识和素质培训、技能和资格培训等，可采用内培、外培或内外培相结合的方式进行。此外，当员工在转岗、调岗、开发新产品、图纸工艺变更、操作方法改变、引进新设备、业务流程改良等情况发生时，也要根据实际需要进行适当的技能培训。培训时应做好相关培训计划、培训效果的评价。

4. 质量改进

持续改进是企业质量管理体系的一个基本运作机制，目的是确定并选择改进机会，采取必要措施，满足顾客要求和增强顾客满意。对于企业内的重大质量改进活动可以采取项目制来运作，具体流程如图 6.5.6 所示。

5. 质量信息化

多数情况下质量信息化平台是融合在各业务平台之中的。企业要搭建质量信息化平台，从而提升管理手段、提高工作效率、为质量问题解决提供帮助、提供产品和过程的可追溯性支持，更有助于内部质量信息的传递、记录、过程管理和跟踪。利用信息化手段，与研发平台、营销平台、制造平台及工程平台有效对接，对过程质量数据做到有效管理，实现基于业务过程质量追溯，关键过程自动预警，并有助于提升质量分析决策能力。

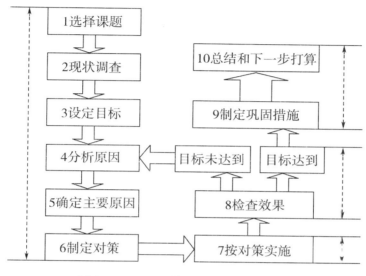

图 6.5.6　质量持续改进项目流程图

四、　基于业务环节的质量

（一）各业务环节的基本质量要素

在企业中，营销、研发、评测、供应链、制造、工程、计划等业务环节都有各自的基本质量要素。

1. 营销基本质量要素

营销基本质量要素包括：营销战略管理、营销组织架构、管理平台、渠道平台、需求质量、合同质量、合同评审、商品计划、发运计划、收付款、发票、成本及费用、广告宣传、服务质量以及最终形成的收入和利润。

2. 研发基本质量要素

企业根据所处的行业特点、技术特点、竞争环境、内部资源打造高质量的管理流程和高质量的研发流程，就是为了以超过竞争对手的速度来提高质量，让企业的产品、服务和体验都达到质量一流的水平。高质量的研发流程就是根据行业、产品、服务的特质，对产品的全生命周期进行控制、管理。由于技术进步在加快，产品生命周期变短，因此，要根据企业战略制定好产品战略，并使企业能够处于主流之中；在不断提升产品质量的同时，提高产品的研发效率并降低成本。

研发基本质量要素包括：研发战略管理、研发组织架构、研发计划、研发平台、研发需求管理、研发项目管理、软件成熟度、硬件可靠性、标准化、成本管理、研发信息化、其它服务等。

3. 测试基本质量要素

测试基本质量要素包括：测试战略管理、测试组织架构、测试管理（缺陷管理、测试计划管理、测试用例管理）、测试方法和技术（根据不同的测试对象、测试阶段采用相对应的测试方法）、测试质量控制（保证测试完备性，测试过程和成果物的规范性）、测试培训和测试持续改进。

4. 供应链基本质量要素

供应链基本质量要素包括：供应链战略管理、供应链组织架构、集成供应链、大供应链体系、原物料可靠性、选型库、优选库、物料编码、采购标准化体系、原物料生命周期管理、供应商选择考评、OEM 供货商管理、新物料及替代物料评价、供货质量、定点定价管理、招投标管理、备案价、信息化平台、MDM（Master Data Management 主数据管理系统）、ERP、采购计划、仓储、物流等。

5. 制造基本质量要素

制造基本质量要素包括：制造战略管理、生产组织架构、关键工序管理、生产计划（滚动计划、项目计划、外协加工计划、设备计划和维保计划）、效率、成本、费用管理、拉式流程、制造节拍、标准化（企业标准、图纸、工艺、作业指导书）、现场管理、定置定位、工装管理、车间布局、库房管理、信息化平台（如 ERP、MES 等）。

6. 工程基本质量要素

当企业产品的特点是多品种小批量，且多数工程活动处在企业外部的客户现场，这时要做好质量管理将存在更大的难度。因而企业更要完善和规范相应的控制体系、标准和业务流程，确保工程质量。

工程基本质量要素包括：工程实施管理、工程组织架构、服务流程、备份、质量、安全、支持、沟通、服务台、事故处理、问题反馈、备品备件、联调、信息化、服务卡、员工培训、用户培训、全面激励机制、客户回访管理等。

（二）各精进业务职能板块间的接口对质量的影响

企业内各个业务之间的接口确定和接口衔接状况会直接影响到企业的工作质量、产品质量、服务质量、体验质量，所以必须要准确建立起各业务间的接口。接口是双向的，所以通常需要企业内发生接口的双方部门共同确定。精进业务职能板块间的接口关系见本书第二章图 2.2 所示。

第六节　精进财务

基于业务的成本费用管理。

基于项目的估算、预算和决算。

客户是利润中心，企业内部是成本费用中心。

企业运营是个整体，精进财务要求从营销、研发、供应链、制造、财务、质量、人力资源、信息化各个环节形成整体的价值链，从而整体规划好信息流、物流、资金流和时间流。

企业的经济行为需要通过货币来进行，也就是说企业在满足客户需求的过程中必然需要与供应商、客户之间使用货币来进行交换，这个过程必然需要财务，而且企业的经营活动、经营成果都是通过财务数据来展现。精进财务是基于企业基本业务流程的成本费用归集，通过开展预算、资金管理、成本费用管理等财务活动，最终产生利润。

一、　财务的起源和精进财务基本概念

（一）货币的产生

货币是商品交换的产物。人类早期是物物交换，为了方便交易产生了货币，货币的种类从早期的贝壳、后来的金属币，到现代的纸币、电子货币、数字货币和虚拟货币。

（二）会计的产生

有了货币才有了会计。会计是经济行为的计量工具，随着生产的发展和经济管理的需要而产生、发展并不断得到完善。

最早的古代会计采用计数、结绳记事等方式，到了明清开始出现复式记账。近代会计是在复式记账基础上逐步发展起来的，由于工业革命时期制造能力大幅提升，出现了以制造成本为主的成本会计。现代会计分为财务会计和管理会计，财务会计偏重财务记账，管理会计偏重管理决策。不同的国家的会计体系有很大区别。信息化和互联网经济的发展，也不断在促进会计的演变。

（三）金融市场的产生

西方的金融市场的起源就是汇票，早期国际贸易也是物物交换，后期使用黄金、白银进行贸易，但黄金、白银太重不便于携带，于是逐渐发展出了汇票，没有汇票就没有远程贸易的快速发展。

金融市场有两种主要形式，货币市场和资本市场。

货币市场：货币市场包括国内货币市场、国际货币市场、汇率、利率以及货币的法规政策等。货币市场通常主要是资金借贷期期限在 1 年或 1 年以下的市场。

资本市场：所有金融交易活动的总称就是金融市场工具，主要包括股票市场、期货市场、债券市场、基金市场，金融衍生工具市场等。资本市场亦称长期资金市场。

金融市场中经常需要面对的几种危机：货币危机、金融危机和经济危机。

货币危机：就是货币失信、货币汇率失控。当发行的货币量与实际生产力不符时，就容易被人投机，人为制造危机。

金融危机：其实是金融市场、金融资产、金融机构的危机，通常金融危机首先产生的都是货币危机。

经济危机：对于经济危机，不同国家、不同的政体和不同的专家都有不同的解读。早期是指资本主义生产过剩危机，现在泛指生产服务出现大幅下跌，经济处于大萧条。

（四）精进财务的基本理念

精进财务是以客户为中心，打开客户所有与财务相关的需求。企业所有业务流程的起点和终点都是客户。

精进模式强调"以客户为中心，可盈利地满足客户需求"，这就需要企业能够精确识别客户需求，这里也包括客户的财务需求，这也要求企业能够替客户算清楚客户使用企业的产品和服务的全生命周期的成本，客户的成本包括一次性投资、服务成本和运行成本。基于客户的财务需求，企业对整体方案（包括产品和服务）进行审视和优化，然后倒推出企业自身的产品和服务成本，并对企业内部的产品和服务成本进行有效控制，这样才能满足客户需求，企业只有做好了自身可盈利，才有能力更好的满足客户需求，并能使客户获得更好的体验。

二、 精进财务体系

（一）精进财务体系架构

精进财务体系架构如图 6.6.1。

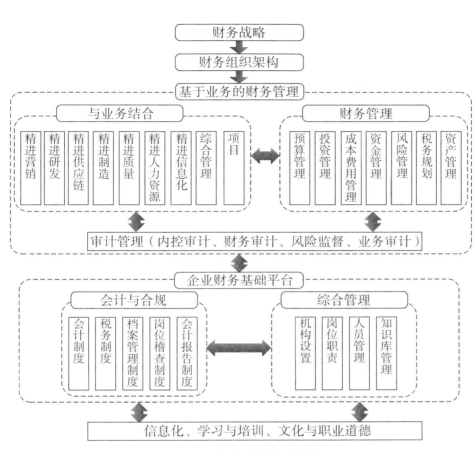

图 6.6.1　精进财务体系架构图

基于业务的财务管理包括与业务结合部分、财务管理部分和审计管理。与业务结合部分包括：基于营销、研发、制造、供应链、质量、人力资源、信息化等业务职能板块的精进财务，以及基于项目的精进财务和基于综合管理的精进财务。财务管理部分包括：预算管理、投资管理、成本费用管理、资金管理、风险管理、税务规划和资产管理。

企业财务基础平台包括：会计与合规、综合管理。会计与合规包括：会计制度、税务制度、档案管理制度、岗位稽查制度、会计报告制度等。综合管理包括：机构设置、岗位职责、人员管理、知识库管理。

（二）精进财务组织架构和职责

客户是企业存在的唯一理由，客户是利润中心，企业内部是成本费用中心。所以精进财务战略要求企业建立基于产品、服务、项目、业务流程的成本和费用管控方式，建立资产资金使用高效，资产价值最大化以及产品成本、服务成本、乃至企业总成本领先的精进财务模式。

财务战略的落地需要财务组织架构和财务体系的支撑。

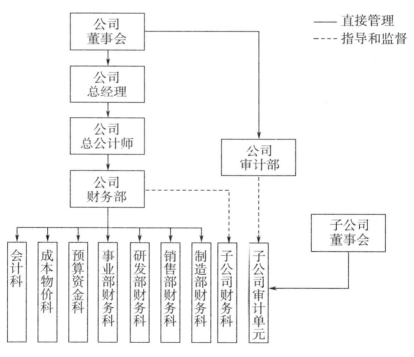

图 6.6.2　某公司财务组织架构图

图 6.6.2 是某公司的财务组织架构。该公司财务部按照专业设置了会计科、成本物价科、预算资金科等科室，此外为了更好地和业务结合，还在公司各业务单元内设置了基于业务的财务科，例如研发部财务科、销售部财务科等，这些基于业务的财务科都受财务部统一管理。公司财

务部还需要对公司下属的各分子公司的财务机构进行指导与监督。在这种架构下，财务部成为该公司的财务中心，这样既有利于资金管理，又能够大幅提高效率，降低财务成本。

对于上市公司或者规模较大的公司，通常会设置独立的审计部门，审计部门直接向公司董事会汇报工作。审计部门也需要同业务紧密联系，规范业务流程各级管理，改进内部控制，加强内部监督，减少运营风险。

确定了财务组织架构后，各财务环节应明确各自的部门职责、科室职责和岗位职责。

（三）财务管理

1. 资金管理

资金管理是对企业资金来源和资金使用进行计划、控制、监督考核等工作的总称，通过建立资金管理优势，以最低的资金成本满足企业经营周转和发展需要。资金管理包括：固定资产管理、流动资产管理、资金流管理。

资金管理通常分为：筹资管理、投资管理、营运资金管理、利润分配管理。

资金需求计划分为长期、中期、短期需求计划；强调物流、资金流、信息流的一致；做好基于业务流程的业务流、成本流、费用流。

2. 投资管理

企业的投资决策流程包括制度、审计、监督及评价。

企业投资活动分为：股权投资（包括出资新设子公司、对子公司及其他公司增资、股权收购、股权置换等）、金融投资（含委托理财、基金投资）和其他投资。

投资基本流程：调研分析、尽职调查报告、可行性研究报告、企业内审批、企业外部审批和项目实施。

3. 税务规划

企业税赋通常有：增值税、企业所得税、个人所得税、房产土地税和附加税（城市维护建设税、教育费附加）。不同行业税种不一样，企业需要做好整体税务规划。通过系统研究与税收筹划有关的收入结构、投资结构、融资结构、资金回流安排、分红与再融资安排等，合理利用业务所在国家的各项优惠政策，依法进行税收筹划，规避纳税风险，降低税收负担，提高企业效益。

特别是对于海外项目，在市场调研阶段就要进行当地税务政策的研究，这样才能在投标和合同签署等活动中做好设定。

4. 建立基于三级计划四级管理的财务制度和流程

企业需要建立基于三级计划四级管理的财务制度和流程。通过三级计划四级管理的方式，可以清晰对产品线、行业线和地域线进行核算和分析，从而有助于企业不断分析业务瓶颈，或寻找新的利润区。

（四）审计管理

审计管理需要同业务紧密联系，找出主要风险控制点，制订适合管理实际的内控细则，通过规范业务流程各级管理，改进内部控制，加强内部监督，有效防范风险，实现经营安全。融入业务流程中。审计管理包括：内控审计、财务审计、业务审计和风险监督。

内控审计的重点是保证内部控制制度的完整性、合理性及其实施的有效性。

财务审计的重点是关注财务收支及有关的经济活动的合法性、合规性、真实性和完整性。

业务审计的重点是关注经常性审计和专项审计、项目审计、离任审计、预算审计、重大业务审计等。

风险监督的重点是目标设定、风险识别、风险分析和风险应对。

企业既要做好财务审计，也要做好业务审计。财务审计通常以财务的数据和账目为主导，业务审计是基于业务过程。

三、 基于企业业务的精进财务

基于业务的成本费用归集是精进财务的核心思想。基于产品、服务、项目、业务流程将成本费用归集到每个客户、每个行业、每个产品、每个地域、每个项目，这样企业才能不断寻找并获取可盈利的客户、行业线、产品线和地域线，使企业的优势资源快速有效地向可盈利的目标市场聚集。

企业运营是个整体，精进财务要求从营销、研发、供应链、制造、财务、质量、人力资源、信息化各个环节形成整体的价值链，从而整体规划好信息流、物流、资金流和时间流。以下分业务来说明如何基于业务来进行成本费用归集。

（一）基于营销的精进财务

（1）销售成本和销售费用

销售成本：是已销售产品的生产成本或已提供服务的成本，以及其它销售业务的成本及费用。

销售成本最简单的计算公式：

制造类＝工厂成本＋销售费用

软件类＝人工成本＋销售费用

混合类＝人工成本＋工厂成本＋销售费用

销售费用：包括营销广告推广、物料包装、维护保养、培训、代理费以及与营销相关的一切费用。

营销平台费用：营销渠道平台费用通常包括：工资性费用、营销费用、大项目费用、差旅费、中标费、运费、折旧费、电话费、培训、潜在费用等；营销管理平台费用通常包括：工资性费用、营销费用、大项目费用、差旅费、厂验费、品牌宣传费、市场调研费、展厅费、折旧费、电话费、信息化使用费、潜在费用等。

销售成本和费用的具体内容要根据实际业务列出，而且需要按照法律法规的规定，把成本和费用归集到对应的财务科目上，具体的归集方式通常和税收有直接关联。

（2）销售价格的设定原则

通常市场竞争激烈的产品，遵循市场定价法；竞争不激烈的产品，遵循成本加成定价法，例如传统的垄断行业。

（3）营销还需要有好的结算办法和绩效考评方式。

（二）基于研发的精进财务

（1）产品成本

产品成本是企业的产品，从开始启动新产品调研到产品生命周期完成的整个过程所需投入的成本。产品成本可以按照产品所处的生命周期阶段不同分为新产品研发成本、常规产品成本和淘汰品成本，其构成详见图6.6.3。

其中对于新产品研发成本，往往只关注了产品开发本身所涉及的样机成本（例如物料和设备成本），实际上还应包含测试取证成本、现场验证成本、工程化成本、研发人员的人力成本等。前端的研发设计也决定或影响了产品销售、产品制造、产品运输、产品安装调试、产品维护、产品质量等一系列的成本，所以在做新产品研发时，要从客户可接受的价格来倒推产品成本，同时还要从产品全生命周期的价值来评价产品性价比，从前期就设计好如何让产品实现盈利，为企业带来新的利润增长点。

新产品研发成本	常规产品成本	淘汰品成本
• 调研预研费用 • 开发成本 • 测试（取证）成本 • 验证成本 • 工程化完成前成本	• 核算内容：材料、加工费（直接人工+制造成本+燃料动力）、服务费 • 核算要求：分产品，分项目	淘汰损失： • 备货减值、报废、产品替代、人员转岗 • 在运行、产成品、半成品、原物料、设备、工装的维护成本

图 6.6.3　产品成本构成

当研发的新产品得到了大量的重用，则进入批量后的常规产品成本通常会远低于单个研发产品的成本。

对于淘汰品要计算淘汰损失成本，但不能因为淘汰产品有成本，即使已经有了替代品也不进行老产品淘汰。

不能仅仅是研发部门自己对产品成本负责，而需要一套高效、高质量的产品研发流程，由营销、制造、供应链环节等来共同努力，才能真正建立起产品的成本领先优势。

（2）研发费用

研发费用是企业为开发新技术、新产品、新工艺发生的研究开发费用，是指研究与开发某项目所支付的费用，研发费用也就是研发成本支出。研发费用通常包括：工资绩效以及其他人事费用、材料成本、技术合作费用、设备与设施折旧、制造费用的合理分配、其他成本等。

研发成本费用摊销和无形资产：对于有些投入较大的研发费用，会转化为无形资产，然后分年摊销，摊销的结果不一样会直接影响到当期的成本费用和当期的利润。

（3）对研发成本和费用造成影响的主要因素

①需求不明或需求变更；②返工；③缺乏项目管理（目标、范围、计划、风险等）；④研发原物料准确度及对率；⑤研发环境便捷性；⑥研发人员能力；⑦研发资源配置合理性；⑧新技术储备；⑨研发人员积极性等。

（4）研发管理指标

可以根据不同企业的状况来选择适合的研发内部财务管理指标，例如：①经济效益偏离度（预算和决算的产品成本、研发费用及市场表现的比对）；②研发项目按时完成度（时间也是一种成本）；③对产品线研发效率的衡量指标：研发人均创收，研发人均利润；④项目研发费用投入产出比；⑤年度研发费用投入产出比；⑥新产品：年度（或前三年）新产品获利/年度总利润。也可以设定研发外部管理指标，例如：研发费用收入比（年度总研发费用/年度总收入）。

（三）基于供应链的精进财务

供应链成本：是供应链在全运作流程和周期内的成本。

供应链成本通常包括：物料成本、供方管理成本、采购成本（运输、人力、设备等）、仓储成本（人力、场地、设备等）、缺货成本、资金成本、其他变动成本（如垄断企业会指定采购，也会增加成本）等。

对供应链成本造成影响的因素主要有：①选型（选型要三家以上，不允许选择唯一供方，否则直接丧失降低成本和砍价的能力）；②供方选择；③质量；④物料品种（物料不是越少越好，而是合适最好。但物料品种如果超出正常水平，一定会导致成本上升质量下降）；⑤期量标准（保持好节拍，按合同周期满足客户需求）；⑥流程；⑦信息化等。

（四） 基于制造的精进财务

在现代企业发展过程中，制造环节的成本、费用归集相对是最完备的，科目也比较完善。

制造成本：指企业为生产产品发生的成本，也叫生产成本。

制造成本通常包括各项直接支出和制造费用：

（1）直接支出包括：直接材料（含原材料，辅助材料，备品备件等）、直接人工（含生产人员工资，补贴，及福利等其它直接支出）和燃料动力等；

（2）制造费用包括：企业为组织和管理生产所发生的各项费用、生产管理人员工资、折旧费、其它制造费用（含办公费，差旅费，劳保费等）；

（3）对这些成本费用首先要排序，首先抓住关键少数，往往20%的门类和品种占了80%以上的成本。

对制造成本造成影响的因素主要有：①设计图纸差错率；②设计变更；③设备工装完好率；④工艺流程成熟度；⑤原物料供货准确度及时率；⑥生产批量；⑦制造质量；⑧人员素养等。

（五） 基于质量的精进财务

质量成本是企业为了保证和提高产品或服务质量而支出的一切费用，以及因未达到产品质量标准，不能满足用户和消费者需要而产生的一切损失。企业要做好质量成本的系统分析，把质量成本管控到位。质量成本构成详见图6.6.4，需要注意的是，为客户体验支出的一切费用也包含在质量成本中。

• 质量体系，测式审核，认证 • 软件成熟度 • 硬件可靠性 • 产品及服务测试，验证评审费用 • 工序能力研究费用 • 质量情报费用 • 培训费用 • 质量改进费用	• 测试检验费用 • 检测装置的费用 • 破坏性试验产品成本 • 耗材以及劳务费 • 公司技术人员配合费用、人工、差旅等	• 废品损失 • 返工损失（返修，再生产） • 复检费用 • 停工损失 • 质量故障处理费 • 质量降级损失	• 索赔费用 • 退货损失 • 保修费用 • 降价损失 • 质量事件处理费用（工资，交通费等） • 信誉损失（连带损失、机会成本）
预防成本	鉴定成本	内部损失成本	外部质量损失

图 6.6.4　质量成本构成

有关外部质量损失：在很多行业，质量成本中占比最大的实际上是外部质量损失，但是往往在财务科目上却很难准确统计，例如：某企业在为客户交付产品和服务时，因企业自身原因导致了重大质量事故，结果被大客户加入了黑名单，相关的质量成本除了产品维修或更换、索赔、人力等质量成本外，还有一部分很难精确计算，就是该企业可能会因此导致丢失所有大客户甚至该行业相关联的业务机会，这种间接损失会远远超出所有其他质量损失。另外要注意，外部质量损失不只是产品到达用户现场才会发生，客户驻厂监造、出厂验收、运输途中、仓储、客户测试等都可能发生质量事故，所以这就要求企业必须建立完善的业务流程，提高研发、采购、制造、调试、包装、运输、安装到客户使用的全过程的可靠性，降低发生质量问题的可能性，从而有效降低企业内外部质量成本损失。

（六）基于人力资源的精进财务

1. 人力资源成本

现代企业人才资源才是创造价值的源泉，人力资源成本是一个组织为了实现企业目标，创造利润和社会效益而获得、开发、使用保障必要的人力资源及人力资源离职所支出各项费用的总和。

人力资源成本包括：人力资源获得成本（招募成本、选择成本、录用成本、安置成本等）、人力资源开发成本（上岗前教育成本、岗位培训成本、脱产培训成本）、人力资源使用成本（工资、奖金以及调剂成本）、人力资源保障成本（健康保障、劳动事故保障、退休养老保障、失业保障等费用）、人力资源离职成本（离职补偿成本、离职前低效成本、空职成本）等。

2. 企业招人的财务原则

赚取自身成本 + 赚取企业配套资源费用 + 赚取利润。企业招人评价方式：人均赚取增值价值（贡献利润）能力。

要关注新员工流失率，要招的好，培训好，用的好，留得住。企业最终是要盈利的，所以人均利润是衡量人员创造价值能力的重要指标。

（七）基于信息化的精进财务

随着企业发展，信息化成本占比越来越高，办公的电脑、网络、系统、软件工具、使用电脑和工具做研发、在研发和销售等环节建立起各个维度的台账等，这些都是和信息化相关联的，所以要有大信息化成本的概念。

对于高科技企业来说，本身就处于高度信息化、数字化的行业，对于传统企业来说也需要逐步完成数字化转型，所以需要对企业的信息化、数字化的成本有系统思维。如果企业不能在信息化数字化上进行战略布局，并逐步投入，必将会被淘汰。技术带来的商业模式变革才是根本，微软基于云和大数据为众多的中小企业提供服务，从卖产品走向卖服务，利润更高，所以微软取得了成功，其成功不是产品的成功，而是模式的成功。

（1）企业的信息化成本：包括营销系统信息化成本、研发环节软硬件平台/测试平台/各种工具成本、制造信息化成本（例如：MES、高度自动化的核心设备和检测设备等)、供应链信息化成本、质量信息化成本、人力资源信息化成本、企业财务信息化成本、企业 ERP 成本、企业整体 IT 云平台/云服务成本。

(2)企业 IT 成本:通常包括外显成本和隐含成本两部分。企业 IT 外显成本包括:初始投入成本、过程建设成本、后期维护成本(例如收费、运维)。企业 IT 隐含成本包括:使用成本/培训成本/平台维护成本、安全成本/含密码管理隐性成本、配置升级隐性成本、兼容成本、差错率成本、重用度成本(利用率)、选型成本、额外售后服务费用(二次开发)、信息失真成本等。

企业的档次不到、培训和运维不到位,会导致信息化成本上升,并最终导致放弃。

(八)基于综合管理的精进财务

综合类费用通常包括基本运营费用和专项业务费用。基本运营费用包括:房租、水费、电费、办公费、通信费、交通费、业务招待费、房产设备维护费等。专项业务费用包括:差旅费、会议费、培训费、咨询顾问费、会费、资质认证和维护费、项目申报费、审计费用等。

综合类费用更多要强化分类管理、预算管理,提高效率,例如:固定费用管理按"预算 + 限额";非固定费用管理按"预算 + 审批",此外做好审批管理和台账管理。

企业领导和部门长是综合类费用管理的第一责任人。

(九)基于项目的精进财务

1. 打开项目成本首先要定义项目的边界和范围

把项目需求从客户方准确打开,顺着客户的流程走一遭。项目执行过程中要控制好项目的边界范围，企业内部各个部门和人员间也要明确边界和范围，制定好需求分发的文档资料，并做好相关流程和接口。

2. 项目成本构成

项目成本通常有：销售费用（营销平台应该建立台账，记录每个合同每个项目的相关营销费用）、设计咨询费、采购成本、制造成本、二次开发成本、质量成本、服务实施成本（含厂内联调和现场部分）、设备成本、工具成本、低值易耗品成本、资金成本、监理、检验、验收成本、时间（延期）成本、外包及分包成本、税费成本和其他成本。

要做好项目成本的归集，不是先找财务科目，而是先顺着业务流程界定清楚成本，然后按照业务流程再去归集相关财务科目。不同项目的核算方式不同，例如新产品研发项目与工程项目就不同。

3. 项目的资金计划及项目预算

项目收支计划包括：项目成本费用、项目回款、项目利润、项目现金流。

项目投标前做好项目估算、合同签订后做好项目预算，项目结项做好项目决算。

4. 设立大项目 CFO

因为项目执行周期越长，收入确认越慢，相应的项目成本、费用就越高，占用企业资源的时间越长，人力、物力、财力得不到及时有效释放，影响项目收益、增量收益和资金周转效率。这里强调项目效率非常重要，掌握好项目的节拍，给大项目的项目经理设立重要助手，即项目 CFO。

通常 CFO 辅助项目经理做好项目财务成本管理，对项目经理负责。大项目 CFO 的职责：按照企业的财务制度流程要求，对项目进行财务上的管理和监督。负责估算、预算、决算及分析；负责项目进度报告及执行分析；负责项目资金计划；负责项目资金管理、成本费用监督。

5. 项目财务管理注意事项

◎项目经理的的基本职责包括算清项目的账；

◎过去成功的经验也许是最可怕的，要基于业务实际；

◎客户是出发点和落脚点；

◎控制好项目的范围，做好预算；

◎质量为基础，速度是决胜条件，把握项目工期脉搏；

◎做好非重复性的事情，一次做对。产品的重用度越高越好，但做事情不能来回重复；

◎成功的项目需要有效的管理，责权利清晰；

◎善于沟通，谋求共赢；

◎不留后遗症的项目收尾（验收、收款清洁、财务决算清算、知识库入库）；

◎面向项目团队的有效项目绩效管理；

◎投标前做好项目风险评估，执行中做好风险防范和控制。

四、 企业经营管理的几个重要财务数据

（一） 管好企业三张表

企业的经营活动、经营成果都是通过财务数据来展现，用于展现企业经营活动最重要的三张财务数据表是：资产负债表、利润表、现金流量表。

不同角色使用三张表时的关注点会有所不同：企业经营决策者主要进行各方面的综合分析，关注企业财务风险和经营风险；企业债权人首

先关注投资安全性，即偿债能力，这关系到企业债权人能否参与企业剩余收益分享；政府是宏观经济管理者、重要的市场参与者，关注点会视具体身份不同而异；企业所有者主要关注资本的保值和增值状况。

1. 资产负债表

资产负债表用于衡量企业规模大小（资产通常是衡量企业规模的最主要指标）、企业家底有多少、企业偿债能力以及资产效率。

资产分为流动资产和非流动资产，负债分为流动负债和非流动负债。

（1）流动资产

流动资产强调流动的比例，完成项目越快、产品交付越快，流动比率越高，流动比率（流动资产/流动负债）越高，企业资产的流动性越强，表明企业有足够可以变现的资产用于偿债。但并非流动比率越高越好，要在资产流动性和收益性之间做好平衡。企业经营者要思考如何通过经营活动带来更好的经营结果。

（2）非流动资产

非流动资产：是相对于流动资产而言的一个概念，含固定资产，具有占用资金多、周转速度慢、变现能力差等特点。

开发支出：反映企业无形资产开发阶段支出部分，待研发项目结束满足资本化条件将转入无形资产。

商誉：能在未来期间为企业经营带来超额利润的潜在经济价值，或企业预期的获利能力超过可辨认资产正常获利能力的资本化价值。如在集团外并购时，支付价格超过被并购企业评估价值的部分。

2. 利润表

利润表用于体现利润来源、企业盈利能力。利润是评价企业真正价值的基础，从前主要通过资产来评估企业价值，现代企业往往通过盈利能力评估价值。美国和中国的部分高科技企业的市值极高，因为他们的价值远远高于拥有巨额传统资产的企业。一个企业最终净利润额才是盈利的最关键指标。

3. 现金流量表

现金流量表用于体现经营活动、投资活动、筹资活动对其现金和现金等价物产生的影响，是企业真正拥有现金状态的评价。把经营活动、投资活动和筹资活动产生的现金流量相加，就是企业的净现金流量，虽然正值越大越好，但也要看构成。

通常评价企业不是简单看盈利，而是要看它净现金流。盈利良好净现金流也可能是负数。比如项目应收账款很多，但项目的采购款已付，这种情况就会出现利润良好但现金流是负数。当企业净现金流为负，且销售时间较长，短期不能改变，则比不盈利更危险。

（二）坏账、跌价和减值

企业经营中还要关注坏账、跌价和减值。避免形成长期应收账款则可以避免坏账的发生。研发和生产要有计划性，否则一旦原材料、半成品、产成品、商品储存超过一定时间必然导致跌价。此外对于土地、厂房、机器、设备、无形资产等都需要根据情况做适当的减值准备。

第七节　精进人力资源

　　员工的成长力决定了企业的成长力，做好人的选、用、育、留，提升员工创造价值的能力决定了企业为客户创造价值的能力，也代表着企业的运营能力。

　　公司人力资源现状决定了公司人力资源的禀赋，人力资源管理状态决定了人力资源价值释放的程度。

　　组织的变革和面临的挑战不是一个人能够完成的，最重要的是不断发现、培养、鼓励及保护分散在组织各个阶层的优秀人才。

　　"人"是现代企业最重要的资源，企业干事创业最关键的要素是"人"。是否能够选好人、用好人、育好人、留住人，让人高效地为企业创造价值，也代表着企业的运营能力。能够将领导、团队、核心员工做好科学的匹配和安排，基本就决定了企业成功的结果，就可成事。

　　很多企业的高层和中层，经常被事务性工作推着走，忽略了对"人"的管理，最终造成企业人员配置不合理，效率低下，每个人都很忙但创造价值不高。

　　人力资源是支撑精进模式所有其他业务职能板块的基础，因为所有的工作都是由人来制订和实现的，所以不论企业规模大小，都需要理清楚人力资源战略、组织架构、部门岗位设置与编制、工作范围、岗位工作分析、组织绩效到岗位绩效，做好人的选、用、育、留，结合每位员工的特质，充分激发员工的潜质。

第六章　精进业务平台

157

一、 人力资源的基本概念

人力资源：是指具有智力劳动和体力劳动能力的人的总和。

精进人力资源：是指在人力资源的获得、开发、使用和保障的过程中，充分运用现代管理方法，基于精进模式核心业务流程，促进人力资本增值，对人力资源进行科学合理配置，为企业战略目标达成提供有力支持。在实践中总结，在学习中成长，重视知识管理，打造学习型组织，持续提升员工精确识别客户需求、为客户创造价值的能力。

对于高科技企业来说，员工通常是以智力劳动为主。对于以制造业为主的传统企业来说，员工大多以体力劳动为主，随着社会发展和产业升级，在现代企业中，体力劳动正逐步被机器设备所替代，但是即使是发展到了智能工厂的程度，机器和智能的背后依然离不开人，只是人的智力劳动的权重变得越来越大。

现代企业，员工的智力劳动权重越来越大，所以员工的成长力决定了企业的成长力，员工创造价值的能力决定了企业为客户创造价值的能力，也决定了企业自身的盈利能力（创造利润的能力），企业自身的盈利能力也直接决定了员工的收入。

二、 人力资源战略

（一）人力资源战略与公司战略的关系

图 6.7.1 是公司战略和人力资源战略之间的关系示意。环境、客户、

公司战略资源、战略供方、股东和竞争对手构成了制定公司战略的基础。人力资源战略包括人力环境、战略需求、企业文化（核心是人的文化）、人力资源现状、人力资源管理现状和学习型组织（打造学习型组织是高科技企业成长的根本）。

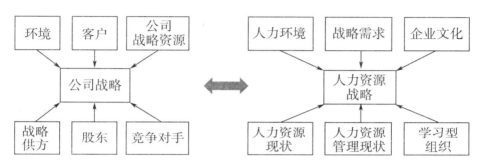

图 6.7.1　人力资源战略与企业战略的关系

人力资源是企业核心竞争力的最关键资源，公司战略资源包括人力资源的战略资源，公司战略决定了人力资源战略和人力资源需求，是人力资源价值的根基。公司人力资源现状决定了公司人力资源的禀赋，人力资源管理状态决定了人力资源价值释放的程度。企业需要根据公司战略需求和人力环境确定公司人力资源目标和人力资源管理目标。

做好人力资源战略，首先要对企业所有员工的人力资源现状有一个准确评估，各单位和部门相关环节，要盘点企业和部门人力战略资源和管理现状是什么，然后再评估怎样建立起符合现代企业的人力资源管理战略和体系。

公司战略管理应分解出人力资源战略，主要包括：

（1）企业人力资源储备是否具备执行某种特殊战略的能力。企业的发展一定要关注未来和人力资源战略储备，储备是为了超越原有的业务范围，为创造新的价值做准备。

（2）企业人力资源需要具备与组织的战略目标达成相关的特定

知识。

（3）明确企业需要何种类型的员工技能、行为和态度来支持组织的战略规划。

（4）制定方案来确保员工具备这些技能、行为和态度。

（二）人力资源战略管理关键点

1. 关键少数

人力资源战略最核心的关键少数是高层团队。因为高层团队掌握了企业方方面面的核心资源，高层的能力往往决定了资源发挥价值的状态，因此关键少数的知识、能力、担当必须与职位相匹配。

2. 业务团队

业务团队构成了企业最坚实的中坚平台，业务团队中的关键少数就是该团队的主要领导。业务团队构成包括：营销团队、研发团队、供应链团队、制造团队、质量团队、财务团队、人力资源团队、信息化团队、其他专业和综合管理团队、后勤服务团队。

3. 人才层次结构化战略

人才层次按学历可以分为大专、本科、研究生和博士，按职称可以分为研究员、工程师等。人员层次结构对企业很重要，但企业人才层次结构化并不仅仅指学历和职称，发展到一定程度的企业会制定自己的层次结构，这种层次结构是以能力为主导来划分，而不是学历和职称，这也是企业的特征。

4. 人才专业结构化战略

企业的人才专业结构化则要从战略层面来架构，企业、部门都要细化人才专业结构化战略配置。随着企业规模做大，社会分工变细，如何做好专业架构的战略和配置，往往也决定了企业高效协同的能力。企业人才结构还要因战略发展阶段目标而异，例如开展新业务时，往往最关键的是搭建主核心团队，然后再寻找专业员工进行专业性配置。

5. 人力资源短、中、长期配置战略

培养人不容易，因此人力资源更要做好短、中、长期战略配置。高层、中层、各业务部门，都要去考虑人力资源配置，并将年龄纳入考虑范畴，"老中青"相结合。

（三）人力资源组织架构

合理的人力资源组织架构有助于支撑人力资源战略的落地，更加有助于企业战略的落地，所以人力资源组织架构是企业整体组织架构的一部分。图6.7.2是典型的集团类企业人力资源组织架构图。当企业人员数量发展到一定规模时，就需要设置分管人力资源的副总和人力资源部门，否则企业容易处于一个失控的状态。

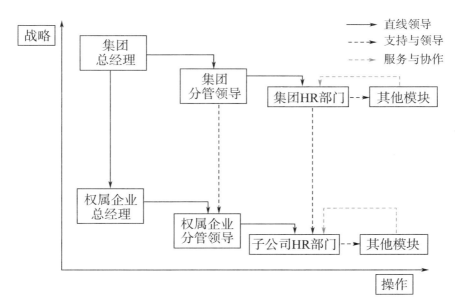

图6.7.2 集团类企业的人力资源组织架构图

三、 精进人力资源体系

（一） 以客户为中心的精进人力资源理念

精进模式要求以客户为中心，所以人力资源管理的基本职能也要求以客户为中心，详见图6.7.3。

 · **人力资源的客户**：是其本身服务的直线管理人员、战略规划者、员工、组织

 · **人力资源管理的客户需求**：客户需要富有贡献精神的、高素质、高绩效的员工，并希望促进整个组织的高绩效

 · **人力资源管理要为客户创造价值**：人力资源管理是为了更好地满足客户需求，为客户创造价值，实现人力资本增值

 · **人力资源管理需要具备的能力**：人员配置、绩效管理、薪酬管理、培训与开发

图6.7.3　以客户为中心的精进人力资源理念

（二） 精进人力资源管理的基本职能

高价值职能	战略管理、资源规划、资源配置、职业生涯规划、内部流动规划、工作分析、知识管理、文化变革、管理开发	高层和部门部长参与为主
中价值职能	招聘管理、培训管理、解聘管理 激励机制（绩效、薪酬）、员工关系管理	人资部门
低价值职能	福利管理、考勤管理、员工服务 人事记录（合同、档案）	各部门参与、人资部门为主

图6.7.4　精进人力资源管理的基本职能

人力资源管理的基本职能：是指影响企业及员工的行为、态度及绩效的各种政策、管理实践及制度。具体可以分为低价值职能、中价值职能和高价值职能，详见图6.7.4。

（三）工作分析

日常工作中，从部门领导到项目管理人员总在不断地配置人力资源，人力资源配置是否合理，是否能创造价值，往往代表了团队的效率和领先能力。企业、部门和项目能否做好人力资源配置，决定着整个团队的效率和协同的能力。

企业要想取得高质量的绩效，就要持续优化人力资源的配置，保证工作要求与个人资质相匹配，不同的职位需要具备不同独特资质的人来完成，而不同的人在从事工作的资质和能力方面也存在个体差异，所以企业必须努力把每一个人安排到最适合他们的资质和能力发挥的职位上去，评价个人绩效时，也要能体现出人的差异，而不是凭自己简单的感觉来做安排。

工作分析对人力资源非常重要，旨在搞清楚企业内的各种工作到底在做什么，是做好人力资源配置的基础。

工作分析流程主要包括业务流程分析、组织架构分析、岗位配置分析、岗位描述、岗位任职资格、持续优化人力资源配置六步，如图6.7.5。

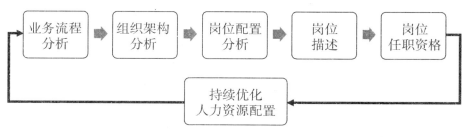

图6.7.5 工作分析流程

1. 业务流程分析

工作分析首先要打开企业的核心业务流程和企业的组织架构，这些都是由企业的战略和业务来决定的。

通过对企业核心业务的工作流程分析，可以透视出企业的投入产出关系，图 6.7.6 是企业某业务的工作流程示意图：

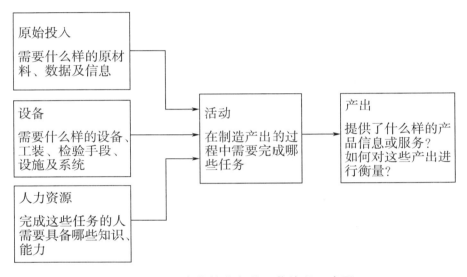

图 6.7.6　企业某业务的工作流程示意图

（1）工作投入分析：确定工作单元在生产产品的时候所需要使用的投入，这些投入可以分解为原材料、设备以及完成这些任务所需要的人的技能。

（2）工作过程分析：是指一个工作单位的成员在生产某种既定产出的时候所从事的各种活动。

（3）工作产出分析：是指一个工作单位（团队、部门、个人）努力生产出能够为他人所利用的某种产出（产品或服务）。

2. 组织架构分析

组织架构应与企业战略吻合，与核心业务流程匹配，能够支撑企业战略的实现。组织架构通常通过组织架构图来呈现，既包括纵向报告关系（上下级关系），也包括横向职能责任。

组织架构设计中的关键维度：

（1）集中化：是指政策权力集中于组织结构的什么位置。

（2）部门化：指的是各个工作单位和部门，在多大程度上是根据相似性或者工作流程的相似性而划分的。

由于市场竞争以及变化的加快，有时一名员工在多个不同团队承担任务。这就要求员工在各种团队位置，以及不同团队成员的多种工作时间表之间进行协调，要求有更为灵活和更具流动性的组织结构和工作过程（例如项目制）。

3. 岗位配置分析

结合工作分析和组织架构分析的结果进行岗位配置，岗位配置分为岗位和岗位编制。"岗位"是指设计组织中承担具体工作的岗位名称。"岗位编制"是指设计完成某个岗位职责所必须配备的人数。

企业内的各级负责人和人力资源部门都要清楚什么是定岗定编，对岗位和编制进行系统分析和研究，重点把必须的、创造价值的岗位及其编制设计好。企业可以根据不同时期的业务需求来灵活选择合适的岗位配置，基于团队、业务、能力进行岗位配置。

4. 岗位描述

岗位描述包括每个岗位的工作描述和工作规范。工作描述是一种工作所包含的任务、职责以及责任。工作规范包含一个人为了完成某种特定的工作所必须具备的知识、技能、能力及其他特征。各企业人力资源部门要逐步将工作描述和工作规范完善起来。

岗位描述的结果是输出职位说明书，图 6.7.7 是某企业的销售大区经理的职位说明书示例。

| 工作活动 | 1.营销规划与策划
2.项目运作
3.业务管理
4.营销推广
5.区域运维
6.绩效管理
7.客户管理及风险管控
8.团队建设 | 工作资源 | 1.内外部资源调配建议权
2.大区营销战略提议权
3.大区员工调配使用建议权
4.大区员工薪酬标准建议权
5.大区员工绩效考核权、绩效奖金发放建议权
6.营销费用使用权及申报权 |
| 工作条件 | 1.工作场所：办公室、各区域市场现场
2.出差需求：经常出差
3.环境状况：良好及变化
4.工作压力：正常，偶尔大
5.危险性：较低
6.职业病危害：基本无职病危害 | 任职要求 | 1.学历及专业
2.培训经历
3.工作经验
4.专业知识
5.职业技能
6.能力与素质
7.计算机、外语及其他技能
8.特殊要求 |

图6.7.7　某企业销售大区经理的职位说明书示例

5. 任职资格体系

表6.7.1　某企业营销系列岗位任职资格体系示例

级别角色模块	任职资格等级				
	三级	二级	一级	高级	资深
知识技能	具有本领域内基本的专业知识和技能，了解本领域内的相关规范及企业的规章制度、政策。对本公司产品性能特点比较熟悉	具有本领域内相关的专业知识和技能，正确理解企业相关的市场营销策略和制度，准确执行相关程序和方法，并在执行中能够发现流程中一般的问题	熟悉掌握市场营销专业某个领域的基本知识和行为技能，对相关领域的知识有相当的了解。能够参与业务评价，组织谈判重要事项，制定公关计划，能够在营销及市场开发流程执行过程中提出一些新建议	在市场营销专业大多数领域具有精通的、全面的知识和技能。能基本解决企业市场营销专业各重要领域内遇到的复杂、重大性问题	具有企业经营管理范畴的全面知识并精通市场营销各个领域的专业知识，能够制定并协助决策市场开发战略，研究市场动态，提出前瞻性的市场预测

级别角色模块	任职资格等级				
	三级	二级	一级	高级	资深
经验	从事本专业工作半年以上	从事本专业相关工作2年以上或三级职员2年以上；具有国家经济员职称	从事本专业相关工作4年以上或二级职员2年以上；具有国家经济师职称	从事本专业相关工作6年以上或一级职员2年以上；具有国家经济师职称	从事本专业相关工作8年以上或高级职员2年以上；具有国家高级经济师职称
独立工作与指导	在他人指导下，在市场营销专业的单一领域，如市场拓展、业务技能督导、技术支持等开展工作	在他人指导下，在市场营销专业的单一领域内独立开展工作	能够独立地、熟练地完成市场营销专业的某个领域内的全部工作，并能有效地指导他人的工作	可以独立指导市场营销专业的某个领域有效地运行	可以指导整个市场营销体系各领域的有效运作
角色定位	人才储备	业务实施的基层主体	骨干力量	专家	资深专家

将全部岗位的职位说明书分类、归纳、整理，形成岗位任职资格体系。表6.7.1是某企业的营销系列的岗位任职资格体系示例。

6. 持续优化人力资源配置

像仓库需要盘库一样，企业也要对现有人力这一战略资源进行人才盘点，综合运用招聘与轮岗、晋升与降职、调整与安置等人力资源配置形式，持续优化人力资源配置，使企业人力资源的岗位结构、专业结构、年龄结构、知识结构、能力结构始终处于最佳状态。

7. 工作分析的应用

工作分析可以应用于人力资源规划、人才选择招聘、培训发展、绩效评价、职业生涯规划和工作评价，详见图6.7.8。

人力资源规划	分析一个组织在某一动态环境中的人力资源需求从而做出人力资源规划，这就需要清楚各种工作对于技能水平的精确要求
培训发展	清楚被培训的人的工作需要，然后通过培训使之能够更有效完成工作
职业生涯规划	把个人的技能和愿望与组织内已经存在的或者将来会出现的机会匹配起来

人才选择招聘	清楚聘用这个人要从事什么工作，这个人必须具备什么样的知识、技能
绩效评价	获取每一位员工完成工作的状况，从而确定如何奖励业绩好的员工，促使绩效较差的员工改进，如何惩戒绩效较差者整改
工作评价	通过评价每一种工作对于组织的相对货币价值，建立起具有内部公平性的薪酬结构的过程

图 6.7.8　工作分析的应用

（四）人员招聘

人员招聘是基于工作分析和人才盘点的结果，输出人员需求计划，从而开展内外部招聘。常规人员招聘主要包括招聘准备、实施、入职跟踪三阶段。

招聘准备：确定招聘形式、招聘渠道，识别潜在的招聘资源，准备招聘资料。

实施招聘：发布招聘通知，收集应聘材料，筛选与录用。

入职跟踪：入职（转岗）接待，跟踪入职（转岗）反馈，帮助新入职者（转岗者）尽快完成角色转换。

（五）培训与发展（育人）

1. 员工培训流程

员工培训流程如图 6.7.9。组织员工培训首先要做好需求分析（明确员工与所从事工作的匹配度，需要提升的能力，以及提升该能力需要的培训)、制定培训计划、实施培训,最终进行培训效果评价,并对培训工作进行改进。

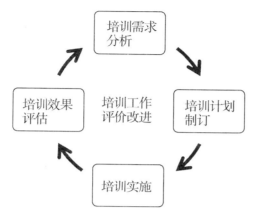

图 6.7.9　员工培训流程图

业务部门要依据战略需求、人才盘点、胜任力评估的结果,针对不同岗位上的员工提出培训需求。根据对培训需求的分析,制订年度和月度培训计划,依据培训计划组织并实施培训,并对培训效果进行评估。

2. 核心人才继任计划

业务部门要甄别核心人才,并建立起各自的核心人才库,在此基础上进一步制订出核心人才继任(接替)和培养计划,以及职业导师制。

表 6.7.2　核心人才继任计划模板

核心员工					接替人员				
姓名	所在部门	职位	职位属性	职位级别	姓名	所在部门	职位	职位属性	职位级别

（六）激励机制

激励机制是企业赢得竞争优势的中心环节，是不断激发员工潜力的发动机。

常用的激励方法有很多，例如：绩效、薪酬、职务、授权、福利、股权、荣誉、培训、使命愿景、文化、沟通、员工关怀等，企业要选择出更适合企业和社会当前环境条件的方法。

（七）绩效管理

1. 绩效管理的概念和目的

绩效管理是为了确保员工的工作过程、工作产出能够与企业的目标保持一致，从而保证组织高绩效的过程。

战略目的：绩效管理要将员工的工作活动与组织的目标联系起来。

管理目的：企业在薪酬管理、晋升、保留、外聘等方面都要使用绩效管理信息。

开发目的：尺有所短，寸有所长，一个组织要尽量让员工发挥所长，不仅要看到员工的弱点和不足，更重要是找出导致这种绩效不佳的原因。

2. 绩效管理系统

绩效管理系统要保证企业的所有活动（组织、个人）都与企业的战略目标一致。做绩效管理时要注意，绩效系统要精确有效地对单个员工的绩效加以衡量，组织和团队一定要对个人行为和其创造的价值准确评价，因为员工有好的技能，并不一定就有好的行为；有时企业文化可能不鼓励员工采取更好的工作方式；没有组织盈利和未来盈利的保证，绩效管理将成空中楼阁。

其中"组织"包括：企业的各子公司、分公司、各职能部门、各工作团队。

绩效管理系统由绩效界定、绩效衡量和绩效反馈构成。

（1）绩效界定

绩效界定主要是通过工作分析和工作设计来完成，也就是界定清楚绩效的哪些方面对于组织来说是重要的，具体标准如下：

①在界定和衡量绩效时尽量精确。

以有价值的结果为中心来对绩效进行评价；将员工能够给一种产品或服务带来增值的各种方式都包括到绩效标准中来（如：数量、质量、及时性、成本、人际影响力等）；在绩效评价中将超出正常要求行为也包括进来（如积极主动、帮助同事等）。

②将绩效的维度与满足企业内部和外部客户需求联系起来。

③衡量以及纠正环境约束所带来的影响。

（2）绩效衡量

绩效衡量就是通过绩效评价来对绩效各个方面进行衡量，绩效衡量的标准如下：

①战略一致性：指绩效管理系统引发与组织战略、目标和文化一致的工作绩效的程度。

②效度：指衡量系统对于与绩效有关的所有相关方面进行评价的程度，例：销售员、区域销售额与个人销售额。

③可信度：指绩效衡量系统一致性程度。例：2个人对同一个人的工作绩效所做出评价结果一致性程度。

④可接受性：运用绩效衡量系统的人是否能够接受它，以及是否是程序公平、人际公平以及结果公平。

⑤明确性：是指企业要明确告诉员工，企业对他们的期望是什么，

以及如何才能达到这些期望的要求。

绩效衡量的方法如下：

企业要确定战略目标，将战略目标层层分解到每一个环节，然后采取客户导向法和对误差的预防性。

绩效是否公平是影响团队效率的最关键和首要因素。绩效评价的重点是企业的关键目标、每一职位的日常责任以及企业认为的其他重要行为。

（3）绩效反馈

绩效反馈就是要向员工反馈绩效信息，以使他们能够根据企业的目标来改进自己的绩效，还可以借助薪酬系统对优良业绩提供报酬。

3. 平衡计分卡

平衡计分卡是绩效管理常用工具，对每类考评对象分为四个维度：财务指标（销售收入、利润、现金净流量、应收账款、存货等）、客户指标（质量管理指标、质量改进指标、客户部门评价指标等）、内部运作流程指标（业务流程再造、成本控制计划、项目实施进度、项目实施效果评价等）和学习创新与成长（工作职责履行情况、工作能力、工作创新、工作责任心、工作形象、技术创新、项目开发、信息化建设项目的计划、实施进度、效果评价等），针对不同的考核对象，可以设置不同的考核指标和权重，且通常每个维度的指标不超过五项。

平衡计分卡是西方国家专门建立的体系，它的好处是不会单一关注财务指标。但如果把指标平均分配到四大维度上，则不能适用所有企业。精进模式本身就是以客户为中心，拥有"客户指标"的维度，使用平衡计分卡时要思考具体的使用方式。

4. 绩效管理需要关注的问题

组织的变革和面临的挑战不是一个人能够完成的，最重要的是不断发现、培养、鼓励及保护分散在组织各个阶层的优秀人才，他们可能不很受欢迎，也可能不是很便于管理，但正因为他们与众不同，使他们敢于面对现实，敢于说出事实的真相。

有时思想是没用的，关键是找到了变革的方法！变革则需要许多人共同努力才能成功，只靠自己领导是不可能的。因此工作分析、绩效考评要以团队为基础，需要不同层面的团队共同参与才能完成。

部门长的一大部分工作是管人、管绩效和分配，各部门长要根据部门的业务战略制定好各环节到个人的绩效政策，并最终由企业批准。一个企业的绩效没那么简单，尤其是到个人的绩效，需要企业的每一个层级、每一级组织、每一个团队，都要做好所在环节的人力资源管理，这是非常重要的。

人力资源体系、绩效体系的推动完善是人力资源部门的责任，要与各部门一起制定好相关制度。各部门负责人不能讲资历、搞平衡，这会导致新人觉得不公平，进而导致人员流失。在企业运行中，任何工作产品和工作行为只要是存在价值的，就应该追求并获得对等的奖励，保证机会公平、过程公平和结果公平。

能否做好人力资源，最关键的是做好战略分析，还要分析清楚业务特征，包括业务的专业特征和属性，分析清了才能制定好准确的绩效。

（八）薪酬管理

1. 薪酬管理的原则

内部注重部门内及部门间的公平性原则；外部注重市场化原则，有竞争性薪酬，才能招到想要的人。

2. 薪酬管理的目标

吸引和留住组织需要的优秀员工；鼓励员工积极提高工作所需要的

技能和能力；鼓励员工高效率地工作；让全体员工收入与企业绩效挂钩，并按照对企业创造的价值得到相应的回报，使人力资本增值始终大于实物资本增值。

（九）员工关系

员工关系管理主要包含以下内容：

◎劳动关系管理：包括劳动合同、劳动争议、上岗离职手续、意外事件处理等。

◎员工纪律管理：包括遵守企业的各项规章制度、劳动纪律，《员工手册》《员工行为规范》等。

◎员工沟通管理：包括上级与下级、下级与上级、合理化建议等。

◎员工激励管理：包括薪酬、奖金、绩效等各种类型的激励机制。

◎人际关系管理：建立良好的工作关系，创建便于员工建立正式人际关系的环境。

◎企业文化建设：建立正确的价值观和积极向上的文化氛围。

◎员工关系管理培训。

支撑企业创新平台的三驾马车是创新、知识管理和标准。

人通常是在自己的知识范围内思考，在自己经验范围内行动，所以很快会陷入到自己已有的知识和经验中而不能自拔。本专业的突破往往来自于外专业、本行业的突破往往来自于外行业。

企业要对创新进行管理，提升创新速度，降低创新成本，提高创新质量，把创新转化为有价值的产品、服务、体验，让创新成为企业价值增值倍增器。

第七章 精进创新平台

创新是企业的核心，是企业持续发展的不竭动力，是企业发展的基石，没有大胆的突破或创新就不会有企业的大发展。

支撑企业创新平台的三驾马车是创新、知识管理和标准，它们决定了企业的发展战略、发展规模和发展速度，从整个企业的运作到具体的业务流程，贯穿于企业每一个部门、每一个环节、每一个人。

一、 创新

（一） 企业创新的概念

企业创新就是从企业运营各个层面上进行改进和革新。人通常是在自己的知识范围内思考，在自己经验范围内行动，所以很快会陷入到自己已有的知识和经验中而不能自拔。而当今社会，知识日新月异，变化无处不在，而且本专业的突破往往来自于外专业、本行业的突破往往来自于外行业，因此，企业必须持续创新，企业创新是企业永恒的主题。

企业创新包括模式创新和管理创新。

（二） 模式创新

模式创新是由经济基础和上层建筑所决定的，也就是由经济规律所决定的。

企业主要的商业模式有制造模式、渠道模式、平台模式、线上平台模式、线上线下平台一体化模式、纵向一体化模式、横向整合模式、代工模式、服务模式和体验模式。

1. 制造模式（产品模式）

制造模式是典型的产品模式，制造模式的变革主要来自生产方式。制造模式的前期主要靠人，所以这时候产品供不应求。企业的制造能力决定了企业的地位，随着设备、工具、产线和自动化的使用和升级，制造模式后期出现了单一品种大批量的集中生产。如：福特、海尔等企业就是这种模式的典型。

2. 渠道模式

随着单一品种大批量集中生产的能力上来以后，出现了供过于求，惨烈的价格竞争出现，利润压缩，催生了以渠道压缩（即压缩多级代理）和渠道直销为主的渠道模式，统一供应链，统一采购，大幅降低了成本，消费者也享受到了低价。当然这样做的前提是制造的质量、成本和效率已经达到了一定的水准。如：国美、苏宁、连锁商超等企业就是这种模式的典型。

3. 平台模式

当制造厂家只剩下几家时，制造厂家又具备了与渠道议价的能力，这时平台模式出现，也就是渠道模式和制造模式一体化，企业自建渠道，这样企业既可以拿到产品利润，也可以拿到渠道利润。如：美的、格力等企业就是这种模式的典型。

4. 线上平台模式

随着客户个性化需求逐步显现出来，只有更好地体现客户个性化需求，更好地满足客户体验，才能更好地赢得市场。个性化需求的满足除了要求能够进行个性化设计之外，关键的是需要产线能够支持柔性制造，最典型的是丰田。柔性制造要求工具和工装的支持，也需要操作人员具有一定的水平。随着客户个性化需求的进一步发展，且满足更低的成本，则出现了依托网络的线上模式。线上模式省掉了很多的中间环节（比如渠道商），使消费者有了更多的选择，消费者可以买到同样质量的成本更低的产品。如：早期的阿里巴巴、京东等企业就是这种模式的典型。

5. 线上线下平台一体化模式

将线上平台和线下实体店的供应链、仓储、数据打通，形成线上线下一体化模式。线上＋线下是社会商业模式发展的一个必然演变，这个演变过程主要是看究竟能在多大的价值链上进行整合，而并不代表什么都要做。如：现今的阿里巴巴、京东、苏宁和沃尔玛等企业就是这种模式的典型。

6. 纵向一体化模式

企业基于现有业务，向其上游或下游发展，形成供产、产销或供产销一体化，以扩大现有业务范围的企业经营行为。如英特尔等企业就是这种模式的典型。

7. 横向整合模式

通过出售技术授权，横向整合业内厂家，使不同的厂家都使用标准相同的技术及服务。如ARM等企业就是这种模式的典型。

8. 代工模式

受其他企业的委托来加工生产产品，产品使用其他企业指定的品牌，不负责产品销售。如富士康等企业就是这种模式的典型。

9. 服务模式

通常以产品为载体，为顾客提供完整的服务。如腾讯等企业就是这种模式的典型。

10. 体验模式

不再以成本作为价值衡量标准，而以消费者体验作为价值衡量标准的模式。如苹果公司、特斯拉、茅台酒等企业就是这种模式的典型。

发展到现在，各类企业都在做线上和线下，产品也可以作为服务卖。尤其是互联网、物联网、各种平台、服务、云和大数据得到应用后，让线上变成一般的企业都可以做。在这个演变过程中必然走向流程自动化，走向全产业链，走向价值链一体化。如果企业还一味沉浸在过去，必将被社会淘汰。

（三）基于职能的管理创新

管理的创新不在于理论的高新，体系的庞大，而在于是否带来企业的变革，效率的提升，经营成果的最大化。

企业鼓励创新，但创新是有代价的，因此，企业要对创新进行管理，提升创新速度，降低创新成本，提高创新质量，把创新转化为有价值的产品、服务、体验，让创新成为企业价值增值倍增器。

管理创新主要包括：营销创新、研发创新、供应链创新、制造创新、财务创新、质量创新、人力资源创新、信息化创新。

1. 营销创新

核心是以市场需求、客户需求来驱动企业资源配置，使企业有限的资源不断向价值高地集中，使企业既能守住现有市场的同时，不断地在本行业扩展，还能在行业外实施拓展，既能在既有的地域内游刃有余，又能不断地突破新地域。

2. 研发创新

每一个人都有创新的欲望，每一个人都希望有所成就，在你现有知识和智力所能及的创新早已被实现，今天的创新不仅仅是要有好点子，还要有强大的执行力，今天的创新更多的也是团队创新。社会分工、工序分工决定了每一个专业领域的快速发展，而且各专业领域又互相推动融合互动，跨行业的行动。跨行业的行动不仅仅是行业融合，也是边界模糊，有时直接就催生了新的行业，要懂得利用企业、社会的优秀资源。技术创新不仅要关注技术上的进步，还要关注研发创新模式的建立。

3. 供应链创新

在做好现有业务产品的供应链整合的基础上，推动新业务系统集成业务快速地建立供应链，并使整个供应链优化。

4. 制造创新

敢于大胆突破企业现有的产品线，以企业现有资源支持企业去最大化地争取订单，不断积累制造的相关要素和新的资源，把制造一步一步向更高的利润区转移，成为利润中心之一。

5. 财务创新

不仅仅是做好费用和成本控制，而是企业资本的最大化，使企业资本与国家金融创新有效结合，使企业资本向能创造更大价值的产品服务集中。

6. 质量创新

并不仅仅在于体系的建立，而在于如何打造出让客户能够感觉到的质量特质，建立质量优势，在建立产品质量的基础上，建立企业高质量的口碑和形象。

7. 人力资源创新

不在于如何管人，而在于如何释放人的潜能，不在于能招聘来多少人，而在于能招聘来比现有的人更聪明的人、能带来更大价值的人。

8. 信息化创新

不在于引进了多么高档的系统，而在于是否打开了企业战略和需求，在于使用的价值和效率。

（四）创新的文化氛围

任何一个企业当其遇到瓶颈，发展停止了，就一定是在创新上出了问题。表面上看好像市场就这么大，这个行业的技术也就这样了，企业的采购成本、制造成本和别的企业也差不多，大家工作也很努力，其实是企业多个方面碰到了天花板，很多时候都是企业的创新文化和氛围出了问题。

人通常都在依靠自己的经验和知识来做事，一旦超出范围有时以为不可行，有时因为不确定性而退避三舍，更有甚者，在用自己过时的知识经验阻止他人的创新。因此，一个企业要形成创新的氛围，建立创新的制度和流程，使那些勇于创新的人和团队有机会脱颖而出，建立创新的战略和文化，推动企业持续创新。

二、 知识管理

（一）知识管理的概念

知识管理是指组织中的知识管理体系，是在组织中构建一个量化与质化的知识系统，让组织中的信息与知识，通过获得人创造、分享、整合、记录、存取、更新、创新等过程，不断地回馈到知识系统内，形成持续知识积累和组织内知识智慧循环，成为组织智慧资本，有助于企业员工能力提升，以适应市场的变化。总之，知识管理是对知识、知识创造过程和知识的应用进行规划和管理的活动。

知识：是通过学习、实践或探索所获得的认识、判断或技能，一切对企业运营有意义的信息都是知识。

知识是一种能量，是一种安静、清洁而有效的能量，对企业而言，知识只有被用才有价值，而知识被持续利用，就具备了持续价值。

现代企业面对的不再是简单的机器设备，企业面对的往往是大量的数据和信息，企业如何才能把其转化为企业发展有用的知识，并把知识转化为能力？这就需要去分析和挖掘数据，从源头上对数据和信息进行定义和分类，既要知道这些数据和信息可以用来做什么，也要知道数据和信息的源头在哪里。同时要充分运用信息技术手段，来进行知识交换、技术分享，建立知识库。

企业的知识管理既需要把支撑企业产品、服务的内容进行模块化、标准化，有利于重复学习，还需要及时对实践中的成功经验和失误教训进行总结，整理成经典案例，这样更加有利于组织内的分享、学习和复制，这样让成功和失误都转化为企业的财富。

知识管理包括员工的知识经验，包括客户的知识、经验、要求、欲望，包括行业内的协会、专家、高校等很多企业可学习的知识，也包括国内外同行、竞争对手的先进技术等，这些共同构成了知识管理。企业要建立强大的知识管理体系，为持续创新构筑坚实的基础。

（二）基于职能构建企业知识库

对知识进行分类，在建立最佳实践库基础上构建企业知识库。企业知识库通常按职能构成，分为营销知识库、研发知识库、供应链知识库、制造知识库、财务知识库、质量知识库、人力资源知识库、信息化知识库、安全知识库、综合管理知识库、经济环境知识库、政治环境知识库、生态环境知识库等。表 7.1 是基于各种职能的企业常见知识库示例。

表 7.1 基于职能的企业知识库示例

类型		示例
营销知识库		信息管理知识 招投标知识 合同评审知识 计划管理知识 营销内外部典型案例 营销技能 营销体系培训材料
研发知识库	需求	用户需求、产品需求的指南、说明书、调研计划、需求跟踪矩阵、模板、检查单、案例
	设计、开发、测试	系统集成、总体设计、概要设计、详细设计、单板设计、工装设计、结构设计、可测试设计、可靠性设计、单元测试、代码走查、集成测试、系统测试、可靠性试验等相关的说明书、指南、模板、评审检查单、案例
	验证	试运行等相关的检查单、评价表、质量跟踪报告、问题跟踪表等模板、案例
	发布	工程化、小批试产、批量投产等相关的检查单、评价表、质量跟踪报告、问题跟踪表等模板、案例
	产品维护	产品维护、产品淘汰指南
	研发平台	项目管理和组织支持相关的规范、指南、检查单、模板、案例 开发环境、测试环境、运行环境使用指南
	其它	代码库、产品资料库、技术资料库、技术复用库
制造知识库	通识	人、事、物、安全
	专业技术	产品类、设备类、技能类、专业理论类
	经验教训	生产管理类、安全类、质量类

类型	示例	
制造知识库	制造体系培训材料	
供应链知识库	供应链相关规范指南 供应链管理流程图、管理模板类文件 合格供应商名录、备案价明细、供应商档案、供应商协议等 过程资产库 战略供应商渠道、资源积累 供应链优秀案例 物料管理、物料库、物料编码、物料可靠性 供应链体系培训材料	
人力资源 知识库	员工手册 员工关系管理手册 面试官工作手册 国家、省、市的劳动人力资源法规 各种智库 人力资源体系培训材料	
质量知识库	质量平台	典型质量问题库 客户现场审核内容资料库 故障板件分析手册 入厂检验方法查询手册 检验仪器操作方法 质量体系培训教材 质量管理知识题库
	技术研发	平台装置使用注意事项手册 技术协议签订注意事项 产品线典型测试用例 工程设计蓝图成果物 软件产品巡检及故障处理技术手册 产品线缺陷经验库 研发硬件可靠性设计准则库

类型		示例
质量知识库	工程交付	常见故障处理手册 维护软件功能说明 服务人员进站注意事项 提高现场通讯可靠性措施 工程现场安装调试规范
	产品测试	产品测试缺陷库 软件编程规范 典型缺陷分析库 产品优秀设计案例库 产品测试方案和测试用例库 测试经验总结库 产品外部测试流程规范指导手册
财务知识库		员工基本税务知识手册 自制小程序操作手册 财务信息化操作手册 财务体系培训资料
信息化知识库		信息化系统用户手册 信息化系统上线培训文档 信息化系统软硬件部署文档 信息化系统客户端安装配置说明文档 信息化系统常见问题解答 信息化系统问题处理跟踪表 信息化系统数据备份及恢复手册 常见病毒处理方法 高危漏洞预防方案 内网病毒事件预警及处理办法 网络安全知识培训 国家信息安全漏洞库 信息化体系培训材料

三、 标准

（一）标准的概念

标准是对重复性事物和概念所做的统一规定。它以科学技术和实践经验的结合成果为基础，经有关方面协商一致，经相关机构批准，以特定形式发布作为共同遵守的准则和依据。标准是科学技术和实践经验的总结。

标准就是对重用制定规划，标准也是为了在一定范围内获得最佳秩序。

标准化是制定、发布及实施标准的过程。

（二）分类构建企业标准库

1. 标准按使用范围划分

标准按使用范围划分为：国际标准、区域标准、国家标准、行业标准、地方标准、企业标准。表7.2是对这几类标准的简要说明和示例。

表7.2　标准按使用范围分类说明

标准分类	定义
国际标准	国际标准化组织（ISO）、国际电工委员会（IEC）和国际电信联盟（ITU）制定的标准，以及国际标准化组织确认并公布的其它国际组织制定的标准。国际标准在世界范围内统一使用
区域标准	世界某一区域标准化团体通过的标准，例如：太平洋地区标准化会议（PASC）、欧洲标准委员会（CEN）等

标准分类	定义
国家标准	某一国家制定的标准。例如：中华人民共和国国家标准，简称：国标"GB"
行业标准	对没有国家标准而又需要在全国某个行业范围内统一的技术所制定的标准
地方标准	由地方标准化主管机构或专业主管部门批准、发布的标准
企业标准	在企业范围内针对需要协调、统一的技术需求、管理需求和工作要求所制定的标准，是企业组织生产、经营活动的依据

2. 基于职能的标准划分

标准按职能划分为：营销标准、研发标准、制造标准、供应链标准、质量标准、财务标准、人力资源标准、信息化标准和安全标准。表 7.3 是基于职能的企业常用的标准示例。

表7.3 基于职能的企业标准示例

类型	示例	
营销标准	组织架构标准 管理平台和渠道平台标准 信息管理标准 招投标标准 代理商标准	合同评审标准 商品计划、发运计划标准 收付款标准 服务标准
研发标准	国际、区域、国家、行业、企业标准 产品标准 开发环境标准 测试环境标准 运行环境标准 开发工具标准	代码标准 文档标准 配置、变更标准 软件成熟度标准 硬件可靠性标准

类型	示例	
制造标准	蓝图：尺寸、规格 人员标准 设备标准 物料标准 方法标准：操作规范（标准/特殊） 环境标准：温度、湿度、亮度、洁净度等 测量标准：检验规范（标准/特殊）、考核标准等	
供应链标准	物料选型标准 供应商标准 OEM 标准 价格管理 计划标准 仓储标准 包装及物流标准	
质量标准	进厂检验标准 出厂检验标准 产品测试标准	贴片工序标准 插修工序标准 装配标准 调试标准
财务标准	资金管理标准 利润管理标准 成本管理标准 会计核算标准 审计工作标准 财务服务标准	
人力资源标准	岗位说明书 工资、薪酬、福利标准 人员配比标准 干部选拔任用标准	

类型	示例	
信息化标准	计算机网络技术 制造业信息化评估体系 信息技术、中间件、消息中间件技术规范 计算机软件测试规范 计算机软件测试文档编制规范 软件系统验收规范 基于计算机的软件系统的性能测量与评级 企业信息化系统集成实施指南 应用软件系统技术要求	
安全标准	生产安全标准	信息安全标准
	安全标志 伤亡事故分类 安全防护装置选用规范 事故损失工作日标准 重大危险源辨识标准 安全事故应急预案编制导则 重大危险源安全监控通用规范 生产事故应急演练评估规范 工作场所有害接触限值 职业健康监护技术规范	计算机信息系统安全保护等级划分 信息系统通用安全技术要求 信息系统安全工程管理要求 网络基础安全技术要求 操作系统安全技术要求 数据库管理系统安全技术要求 服务器技术要求 终端计算机系统安全等级技术要求 信息系统安全管理要求 应用软件系统通用安全技术要求

第八章 —— 精进学习平台

　　企业的竞争力是建立在个人、团队、组织的学习能力之上的，要打造基于业务流程的学习与能力。

　　企业要想在竞争中胜出，就必须以比竞争对手更快的速度去学习。

　　构筑企业数字化的前台、中台和后台。

人类能在动物世界的竞争中脱颖而出，主要是因为人类在实践中学习，在学习中不断成长，而且人类能够在实践中总结出知识，知识又促进了人类学习能力和成长速度的提升。

学习与能力的提升伴随着人类的一生，从小的时候靠眼睛、耳朵、嘴、鼻子、手、肢体语言去感知，到逐步学习了行为，学习了语言；上学以后，人们开始了基础知识的系统学习，随着一天天的学习，能力也在一步步地提升；工作以后，发现如果要持续成长，还必须在工作中继续学习，提高自身知识水平，完善知识结构，提高自身的竞争实力。

企业的发展和人类的成长历程是一样的。现代社会，企业的竞争力是建立在个人、团队、组织的学习能力之上的，要打造基于业务流程的学习与能力，这样才能更好地识别客户需求和为客户创造价值。决定企业未来的竞争能力和成长能力的是学习，企业要想在竞争中胜出，就必须以比竞争对手更快的速度去学习，所以形成学习型的氛围和学习型的组织也是必然。

一、 知识经济

今天，科技的快速发展推动了知识以爆炸方式增长。联合国教科文组织做过一次研究：在 18 世纪，知识更新周期为 80 ～ 90 年；19 世纪到 20 世纪初更新周期缩短为 30 年；20 世纪 60 到 70 年代，一般学科的知识更新周期为 5 ～ 10 年；20 世纪 80 到 90 年代，许多学科的知识更新周期缩短为 5 年；而进入 21 世纪时，许多学科的知识更新周期已缩短至 2 ～ 3 年。

科学的进步催生了很多新的学科，也推动了学科的交叉，造成了学科纵向深度发展，横向跨界融合，本专业的突破往往来自外专业、本行业的变革往往来自外行业，这也对跨专业沟通能力和跨行业协作能力提出了更高要求。

知识经济就是以知识为基础，以脑力劳动为主体的经济。

知识经济的发展推动了传统经济的知识化，传统农业从科学育种到种植、施肥、收割、仓储、物流整个过程的机械化，农业将越来越知识化。

传统工业以蓝领工人为主，随着设备自动化、产线自动化到智能工厂，蓝领工人越来越少，而知识工作者岗位越来越多，甚至以体力劳动为主的蓝领工人也一步步变成了以脑力劳动为主的知识工人。

知识经济包括了人类创造的一切知识，知识成了生产力的核心要素。在知识经济时代，知识就是财富。

二、 信息化社会

以芯片、计算机、网络、云、大数据、物联网、移动互联、人工智能、区块链等为主导的科技革命，推动人类进入了信息大爆炸时代，信息无处不在，信息化影响无处不在，从政治到经济，从战争到和平，从社会到个人，不仅是传统的农业、工业走向了农业互联网、工业互联网，甚至现代战争也演变为信息战，现代教育也迈向了信息化、互联网化。

信息化社会加快了知识传播的速度，人们只要愿意探索，只需支付少量阅读费用就可以低成本获取各种知识。

信息化不仅仅影响着国家战略、国家关系，也在改变着企业战略、企业模式和企业行为，成为企业竞争和可持续发展的关键。

三、 数字化企业

信息革命的推动要求企业从开始定义数据，企业从战略到执行、从竞争到协作、从业务到流程全面走向数字化，形成了数字化驱动战略，数字化驱动业务，数字化驱动流程，甚至是数字化驱动绩效。

互联网、物联网、数据中心、人工智能推动着工业企业的工业控制、工业软件、工业 IT 破界融合，任何一个企业都成为大价值链上的一环。工业企业开始迈向了工业互联网时代。

图 8.1 是数字化企业前台、中台和后台的构成。

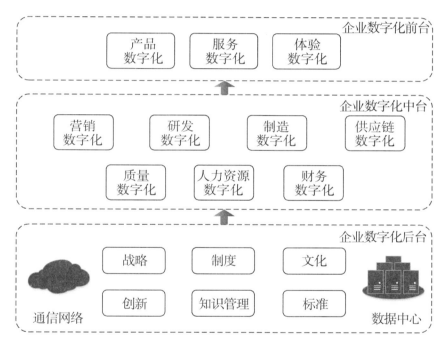

图 8.1　数字化企业架构

数字化企业要求企业必须具备强大的数字化中台：营销数字化、研发数字化、供应链数字化、制造数字化、财务数字化、质量数字化、人力资源数字化。

中台离不开强大的后台支撑，企业战略、制度、文化、创新、知识管理、标准到企业的通讯网络、数据中心，都是企业后台的根基。

前台就是为客户提供高质量的产品、称心的服务、满意的体验，所有的业务、流程都是围绕这个中心展开，做到产品数字化、服务数字化、体验数字化。

四、 学习型组织

知识经济、信息化社会、数字化企业决定了企业必然走向学习型组织。构建学习型组织要关注以下五个关键点：终生学习、团队学习、补齐短板、学习分享和超越自我、整体架构和系统执行。

1. 终生学习

学习不仅是学生的事，而是伴随职业生涯的整个过程，不仅学习本岗位需要的专业知识，还要跨专业思考，甚至跨专业行动，不仅是自己工作做到高质量、高效率、低成本，还要懂得为所在组织提高工作质量、工作效率、创造价值。

2. 团队学习

不同个性、不同专业、不同角色的人通过团队学习，可以形成个性互补、专业互调、角色互济，从而提升整个团队的能力。

团队学习也容易达成共同的愿景和使命，使团队目标一致、行动一致。

3. 补齐短板

人们经常会讲木桶短板理论，但真正的问题是不知道短板在哪里。团队学习、探讨、实践就可以发现短板、补齐短板，团队的互补也可以大幅缩短补短板的时间。

很多人一旦知道短板在哪里、知道哪些是自己不擅长的，往往潜意识对自己形成保护，自觉不自觉地强化自己的长板来掩盖短板。通过团队学习，通过彼此碰撞、敞开心扉就能快速找到短板和问题所在，从而补齐短板。

4. 学习分享和超越自我

知识是最清洁的资产，无论什么样的组织，都可以把知识用来分享。当一个人能够跟别人分享自己的知识的时候，分享的越多就会发现获得越多；当一个人毫不保留的时候，会发现自己超越了自我。

5. 整体架构和系统执行

由于知识和信息大爆炸，人们对知识如同管中窥豹，只知其一点。通过团队学习可以综观全局，掌握全貌，准确判断，提升团队系统执行能力。

真正能做到透过现象看本质，抓住事物的本源，就会事半功倍。

五、 从学习到能力

人类社会学习经历五个阶段如图8.2，依次为学习经验、学习知识、学习理论、学习方法论，以及把学习转化为能力。

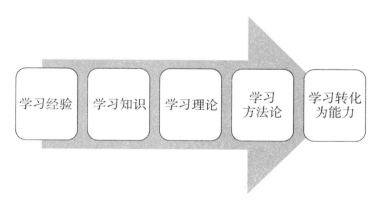

图8.2 学习的历程

1. 学习经验

经验是人们在实践中的感知、思考，可以口口相传，手把手地传授。

经验是人类早期生存的根本，也是人类能够在地球上脱颖而出的原由。手工业传承方式就是以经验相授。

2. 学习知识

当有了文字，人们把经验总结记录下来，记录被不断总结和丰富就有了知识。当人类有了文字知识，就可以以文字方式传播学习。一个社会的发展速度取决于知识传播速度，知识决定了社会的文明程度，不仅仅推进了科学技术的发展，而且知识也承载了宗教的传播、传承。

3. 学习理论

有了知识，人类加快了对自然、社会的观察与思考和对自然、社会的改造，于是产生了理论，理论又反过来推动一个一个知识体系的诞生、成长、分化，理论也让人们能够系统性掌握知识，不断创造新知识丰富理论。

4. 学习方法论

任何理论都有局限性，都是有条件又有边界范围的。方法论可以直触事物本源，抓住事物本质，从而避免理论上的弯路和谬误。

当理论升华为方法论，就具备了普遍的指导意义。

卓越的企业通常是快速地把经验转化为案例，对案例进行剖析总结进而转化为知识，知识不断积累丰富形成知识库，知识库的重用大幅度提升企业创造价值的效率。知识的积累会带来理论上的突破，那么企业的核心竞争力就难以被模仿或复制。当企业理论升华到了方法论，就具备了纵向、横向整合价值链的能力，推动引领行业的发展。

5. 学习转化为能力

人是真正创造价值的源泉，员工是企业最核心的资产，员工的知识资本已变得比资金、厂房、设备等其他资产更为重要。学习是一个持续的过程，这一个过程与工作密切联系，不可分割。这里说的学习是基于业务流程的学习能力，员工的学习能力必须有效融入到业务流程的每一个环节。学习的目的不是为知识而汲取知识，学习的目的是为了具备更好地打开客户的需求，为客户创造价值的能力。在员工个人不断成长的过程中，企业也得到不断成长。

现代企业最关键的能力就是通过学习不断地转化为企业持续成长的能力。

第九章 —— 精进信息化平台

实现企业的信息化战略必须要从开始定义数据，实现管理数字化，数字驱动管理。

企业信息化与数字化本质上是一次企业管理的变革，目的是促进企业业务流程再造，促进整个价值链的协同运作，打造企业信息化支撑下的流程管理和数字化决策，最终实现对客户的快速响应。

只谈技术，信息化很难成功。

人类早期的信息传递是从信函开始。信函是指以套封形式按照名址递送给特定人或单位的缄封的信息载体，从古代一直使用到现在；19 世纪 30 年代出现了电报；19 世纪 70 年代，伴随着电话机的进步和通信网的陆续建立，人们开始进入了双向即时通话的时代；20 世纪 60 年代，伴随着计算机、网络设备的发展，形成了国际互联网。而芯片、软件的发展，使信息化向社会、企业、个人各个层面全方位地延伸，人类进入了信息化时代。信息化涵盖的内容非常多，从芯片、计算机、通信、网络设备、云计算、大数据、移动通信技术、物联网、移动物联网、人工智能、区块链、工业互联网等现代信息技术都已经得到了迅速的发展和广泛的应用，信息化发展到今天，硬件软件化，软件硬件化，很多产品都由软件定义，芯片在很多场景下也开始定义软件，芯片无处不在，软件无处不在，信息无孔不入，企业正一步步走向信息化。

一、 现代企业信息化发展变迁

以下软件系统及其应用代表了现代企业信息化的主要发展历程：CAD（Computer Aided Design 计算机辅助设计）、MRPII（Manufacturing Resources Planning 制造资源计划）、CIMS（Computer Integrated Manufacturing Systems 计算机集成制造）系统、PDM（Product Data Management 产品数据管理）/PLM（Product Lifecycle Management 产品生命周期管理）、ERP（Enterprise Resource Planning 企业资源计划）系统、OA（Office Automation 办公自动化）系统、财务软件、SCM（Supply Chain Management 供应链管理）系统、营销管理软件和质量管理软件。

企业通常会结合自身业务的发展现状，行业和客户的要求来逐步实现信息化和数字化。

二、 信息化战略

实现企业的信息化战略必须要从开始定义数据，实现管理数字化，数字驱动管理。基于满足客户需求，基于业务效率提升来对信息化进行设计，实现业务、流程自动化/智能化，提升企业运行效率和质量，降低运行成本，为客户提供满意的数字化产品、服务和体验，并实现为客户、为企业创造增值价值。

企业信息化与数字化本质上是一次企业管理的变革，目的是促进企业业务流程再造，促进整个价值链的协同运作，打造企业信息化支撑下的流程管理和数字化决策，最终实现对客户的快速响应。企业信息化的方向是全面实现数字化。

为了达到信息化落地，业务效率提升，必然会涉及各种业务数据的分析迁移、业务流程再造、制度更新等工作，所以信息化通常会涉及并贯穿企业内的各个业务职能板块，而且还需要在使用中及时进行完善。

通常可以在企业内部建立一个信息化组织架构如图9.1。信息化管理委员会负责对企业信息化工作进行统一的领导、组织、协调和决策；信息化部门则整体负责监督和辅助信息化战略的落地，监督和辅助企业各业务环节从前期的信息化/数字化系统规划开始，建设、开发、实施，一直到后期的服务、运营、维护。

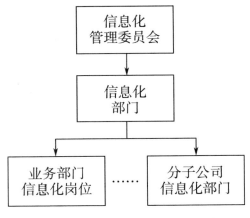

图9.1　企业信息化组织架构示意图

三、 精进信息化体系

（一） 企业信息化架构

企业实现数字化和信息化，要以信息化战略规划为指导；以信息化流程为核心；以信息化管控为手段；以信息化资源和环境为基础；以信息化组织机构为保证；以信息化绩效管理为激励手段；以管理工具为技术支撑。

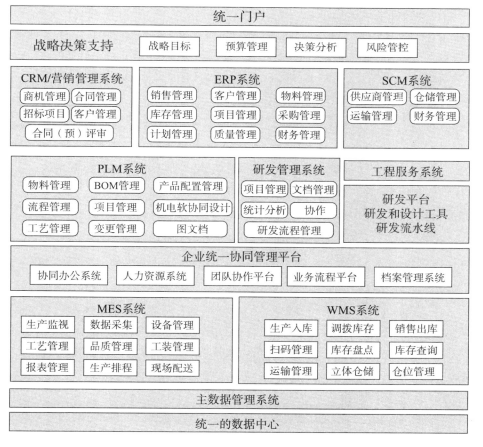

图9.2　某企业的数字化总体架构示意图

图9.2是某企业的数字化总体架构示意图，该企业核心业务包括营销、研发、制造、供应链等板块。

（二）信息化生命周期

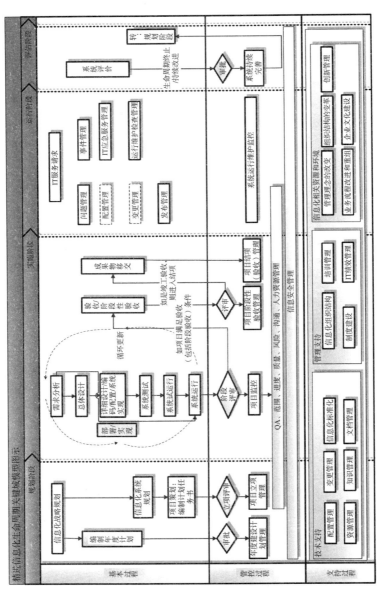

图9.3 信息化的生命周期图

企业信息化的生命周期如图9.3，通常可分成：规划、实施、运行和后期评估四个阶段。信息化过程域和管控域包括：基本过程、管控过程和支持过程。

四、 基于业务的精进信息化

（一）研发信息化

现代企业信息化发展的过程是从制造业开始的，从食品加工、汽车制造、快递分拣到高端的芯片制造，已有很多工厂实现了全智能化和数字化的"无人工厂"。

随着新技术的应用和推广，现代社会各行业的社会分工处于不断加速的过程，所以各个行业的研发已不能只是沉浸于各自的分工环境，而失去了系统思考的能力，必须要做好产品和技术的系统设计和顶层架构设计，这是实现研发信息化的前提。

发展到今天，随着软件的工序分工细化，每道工序都有社会分工，各个软件工序也可以外包，这和传统制造业的分工已经非常像。传统制造业的信息化中，前端的设计和后期的制造已经紧密融合在一起，所以软件也是可以实现自动化和数字化的。

1. 软件三大工作环境信息化

软件企业的信息化重点是产品、服务、客户体验过程的信息化，而核心就是基于研发参与者体验的自动化研发场景，实现软件工作环境的信息化，软件工作环境分为软件开发环境、软件测试环境和软件运行环境。

（1）软件开发环境

软件开发环境是指在基本硬件和宿主软件的基础上，为支持系统软件和应用软件的工程化开发和维护而使用的一组软件。它由软件工具和环境集成机制构成，前者以支持软件开发的相关过程、活动和任务，后者为工具集成和软件的开发、维护及管理提供统一支持。

（2）软件测试环境

测试环境是指测试运行其上的软件和硬件环境的描述，以及任何其它与被测试软件交互的软件，包括安装和驱动。测试环境是指为了完成软件测试工作所必须的计算机硬件、软件、网络设备、历史数据的总称。

稳定和可控的测试环境可以使测试人员花费较少的时间就完成测试用例的执行，也无需为测试用例、测试过程的维护花费额外的时间，并且保证每一个被提交的缺陷都可以被准确地发现。要搭建稳定可靠的测试环境，从测试平台到每道工序都做好。

软件测试环境包括动态测试环境、静态测试环境、单元测试环境、集成测试环境、系统测试环境。

软件测试环境和软件开发环境是高度融合在一起的。搭建测试环境的前提是设计者要先做好可测试设计，而且开发者要做好单元测试，前端积累越多的测试用例，对提升后续效率就越有帮助。单元测试必须建立在工序之上，建立在一道工序的"人、机、料、法、环、测、安全"上。

（3）软件运行环境

软件运行环境是一个软件运行的各种条件，包括软件环境和硬件环境。

现在很多手机公司已经变成了软件公司，例如"苹果"手机，有自己的操作系统和应用，还有用户的各种使用数据，所以"苹果"已不是一个简单做手机的公司，而是软件公司。"苹果"手机开创了互联网手机的一个时代，它与传统手机的最大不同是：软件定义了手机，芯片定义了软件，互联网手机成为了智能终端。

2. 软件开发工具

软件开发工具指的是方便地把编程语言代码化并编译执行的工具，是用于辅助搭建好软件工作环境和开发平台的，随着研发环境的构建，企业需要建立统一的工具集。

3. 研发台账和研发库

要实现研发信息化，就必须在研发过程中建立起最基础的研发台账和研发库，这些是实现信息化和数字化的基础。研发台账包括需求台账、计划台账、项目台账等，研发库包括代码库、图纸库、选型库、成本库、工艺库、工程库等。

4. 研发信息化发展方向

现代工业中制造和技术高度融合，所以要实现企业研发信息化，最关键的是搭建好技术平台，也就是必须实现数字化研发。

（1）研发流程自动化：梳理研发流程，打通需求、设计、开发、测试、试运行、移交等全产品生命周期管理，实现从需求管理、计划管理、文档管理、配置变更管理，到编译、构建、测试、部署、发布的作业流程自动化；

（2）研发工序自动化：研发也可以进行工序分拆，每道工序也有输入、输出和过程控制，例如，代码自动化生成、编译自动化、测试自动化、部署自动化等，做到真正的持续集成 CI/持续部署 CD，做到日集成、日发布；

（3）数字化研发：核心是搭建基于研发参与者体验的自动化研发场景，实现开发环境、测试环境和运行环境的标准化和自动化。

（二）营销信息化

推进营销数字化，要持续打造 LTC 流程信息化，实现从线索、商机、项目、合同/订单的全业务过程信息化。实现线上/线下的统一管理，支撑营销团队作战，提升赢单控力水平；打造合同的全生命周期管理，打通销售、技术、计划、供应、财务、服务、售后等相关业务；通过与其他信息化系统紧密集成实现一系列营销业务的数字化管理，规范业务流程、提升交付效率；实现对合同、投标、财务指标等业务信息进行综合分析，为管理层决策提供辅助分析功能。

重点做好以下内容：

做好营销台账：进行营销数据的整合，建立起营销相关的库以及营销相关的台账，建立台账是形成整个营销信息化的基础，营销台账加上营销管理流程，会构成企业营销的基础信息化平台。

做好需求管理：支持各种方式收集录入的客户技术需求、商务需求、客户爱好、相关的政策制度等信息。对各种需求分级分类管理，从而为精确分析目标市场和目标客户提供支持。此外还要做好需求任务自动向各个环节的分发。

做好招投标管理：打开产品结构、打开项目结构，构建产品配置库、项目配置库。在投标报价的时候可预估项目的成本和毛利，分析自制产品和外购产品的比例，为投标报价提供数据指导。管理从投标到开标的所有信息，按区域、产品、行业多角度分析结果。图 9.4 是某企业营销信息化平台架构示意图。

营销是企业最前端的工序，营销的管理到位了，会拉动研发、供应链、制造、质量等相关环节的到位，会大幅度提高营销效率，对整个企业的效率提升是倍增的，达到一定高度后，营销管理才能从自动化转向智能化。

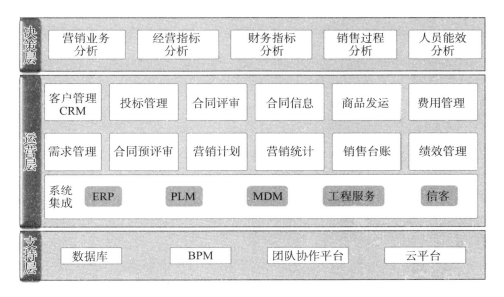

图9.4　某企业营销信息化平台架构图

（三）供应链信息化

随着整个技术的进步，供应链信息化变得非常关键，每个企业需要根据各自的供应链特征来构建供应链信息化，通过企业供应链信息化的打造，逐步实现标准化、自动化、数字化、智能化，建设企业与供应商协同的供应链管理平台，实时获取供应商最新供货信息。

供应链信息化目标：打造企业的供应链实现标准化、自动化、数字化，智能化。供应链信息化平台规划包括供应商管理系统 SCM、网络招议标与采购、流程自动化与可视化、智慧仓储等，这都是将来发展的必然。供应链标准化的核心平台是 ERP ＋ MDM，供应链管理系统、研发 PLM、销售 CRM、电子招标采购交付、互联网采购等构成平台相关内容，强调业务的标准化与自动化，供应链协作要定制化、可视化，全链条要达到数字化。供应链信息化系统涵盖供应商的准入、审核、评价、统计分析、合同的电子化、付款、采购信息交互等。供应链信息化的标准化要通过主数据管理 MDM 平台和 ERP 平台来实现，强调主数据的标准化、核心流程的标准化、核心单据的标准化以及标准作业的自动化。仓储管理实现智能化、自动化、可视化即是体现了现代物流制造业的水平，也体现了企业设计的水平，设计的标准规范和柔性是支撑。

信息化的力量不只在改变传统行业，也在催生新行业。例如沃尔玛一开始只是线下超市，后来通过发展强大的线上/线下一体化信息化系统，支撑了其线上线下一体化的全球业务。

供应链信息化的基础是设计和工程的图纸所带来的设计 BOM 和工程 BOM，因为设计 BOM 和工程 BOM 设定了原物料的品种、规格、型号、性能。对于数据库、选型库、供方库、原物料库、在制品库、产成品库、商品库、线上线下周转库，信息化需要把这些库都变为数据，没有这些库的信息化，就没有供应链的关键节点。在当今的供应链发展下，整个供应链的电子商务化、流程的自动化都在推动。图 9.5 是某企业供应链信息化平台架构示意图。

供应链信息化通常可以包含以下内容：供应商管理、需求管理、寻源管理、专家管理、采购订单管理、库存管理、财务管理等。

供应商管理：对供应商的准入、考评、分级进行信息化管理。

需求管理：提高供应链配置与变更信息传递的及时性和准确性。

寻源管理：以总体采购成本控制为导向的采购寻源管理，合理合规的采购寻源策略，及时把握成本明细关键控制点，建立成本联动机制获取最优成本。

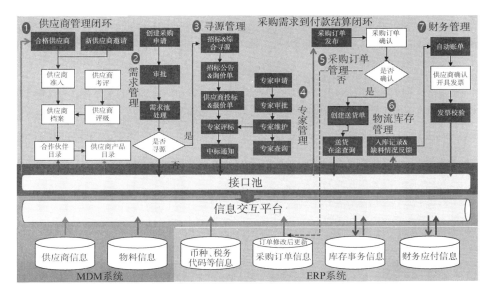

图 9.5 某企业供应链信息化平台架构示意图

专家管理：以独立身份参加政府采购评审，纳入评审专家库管理的人员。评审专家实行统一标准、管用分离、随机抽取的管理原则。

采购订单管理：对采购订单从下达到收货入库的全过程管理。对按产品或按对市场预期包括原材料价格波动、原材料变化或淘汰等来下达的采购计划，加强供应链计划调整和变更的流程管控，关注流程的精简和优化。

库存管理：对采购物料的入库、出库、库存分析、缺料报警等进行管理，并持续打造仓储管理智能化、自动化、可视化。

财务管理：物流与资金流对应，进项发票三单匹配，准确分析应付款账龄。

（四）制造信息化

由于制造业务和产品类别最为紧密，所以制造信息化也必须根据产品的不同类别来构架，还要考虑不同的产品的发展阶段和生产批量，把先进技术融入企业价值链上的不同流程中，逐步实现信息化，例如从工序自动化，到产线自动化，车间自动化，再到全智能化工厂。制造信息化强调"一企一策，因地制宜"。

制造信息化的组成要素包括：智能机器、设备、工件；机器与机器之间交互；物联网；大数据、智能数据；自学系统；虚拟现实、增强现实技术。智能工作模型包括生产车间、数据、流程和附加值及商业模式。还包括个性化流程和云平台。以上都构成了未来智能工厂的模式。

制造信息化 MES（制造执行系统）主要包括制造数据管理、计划排程管理、生产调度管理、库存管理、质量管理、人力资源管理工作中心/设备管理、工具工装管理、采购管理、成本管理、项目看板管理、生产过程控制、底层数据集成分析和上层数据集成分析。

MES 的目标：在车间外就可对生产现场状况进行管控、工艺参数监控、实录；制程品质管理，问题追溯分析；物料损耗、配给跟踪，库存管理；生产排程管理，合理安排工单；客户订单跟踪管理，如期出货；生产异常及时报警提示；设备维护管理，自动提示保养；设备综合利用率，提升设备效率；自动数据采集，实时准确客观；报表自动及时生成，无纸化；员工生产跟踪，考核依据客观；成本快速核算，订单报价决策；细化成本管理，预算执行分析。

MES 功能模块通常包括：生产监视、数据采集、工艺管理、品质管理、报表管理、生产排程、基础资料、设备综合利用率、薪资管理、数据共享、任务派工和能力平衡分析。

企业通过持续搭建制造信息化 MES，实现车间现场监管、在制品管理、物料损耗管理、生产排程管理、生产异常管理、设备管理等。此外，还需要提供一致性管理的核心基础平台，实现系统间数据集成和设备自动化集成。

制造信息化还要注意如何与前端的需求管理和产品设计打通，以免做成信息化孤岛。

（五）质量信息化

质量信息化是以质量管理为核心，打通企业各业务信息化平台，通过立体网络化质量监控与决策，实现质量管理的"可知""可控""可管""可谋"。

不同属性产品的质量特征是不同的，例如机械类产品、嵌入式产品、IT软件等，识别了各自产品的质量特征才能做好质量管理，这是实现质量管理信息化的前提。先设计出符合产品质量特征的质量过程控制软件，这通常是和工序、作业、部件、产品结构、工艺进程相结合的，在做好质量过程控制软件的基础上才能做好质量管理软件。

企业内部的质量管理要与客户需求结合起来，例如从前端客户的质量标准、质量要求、质量流程，到后期的厂验和测试都要结合起来。企业可以通过质量信息化来贯通产品全生命周期的质量链，实现全生命周期质量跟踪追溯。

质量信息化应该具备挖掘质量数据潜在应用价值的能力，通过积累质量大数据，实现多视角、可视化监控，从而支撑科学、敏捷、精益的质量指挥和质量管理决策。当然想要做好质量协同监控决策，还需要避免质量信息孤岛，也就需要整合 PLM、ERP、SCM、CRM、工程服务等企业内部其他信息化平台的质量信息。

企业的质量信息化平台不仅要服务于产品和服务质量，还要服务于客户体验的收集，此外还要支持工作质量的管控与提升。图9.6是某企业质量信息化平台架构示意图。

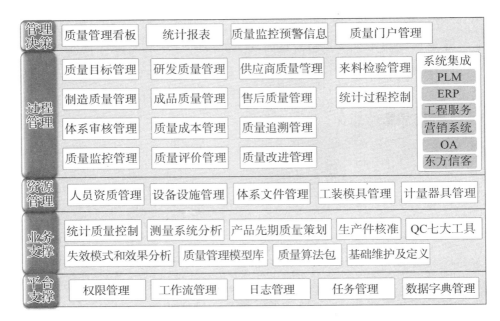

图9.6　某企业质量信息化平台架构示意图

（六）财务信息化

财务信息化的核心是将财务和业务紧密融合，从需求开始定义数据，将业务数据与财务数据有效集成，实现物流、信息流、资金流的统一，从而实现企业财务业务一体化、自动化，做到简洁、适用、高效，逐步实现数字化财务。

财务业务一体化的核心是基于业务流程的成本费用管理，需要能够准确地抓住成本费用的产生和构成。精进财务信息化还要完成资金计划管控，费用报销、估算、预算、决算，特别是针对大项目的成本估算、预算、决算的信息化管理，便于大项目的CFO对项目成本的分析和管理等。图9.7是某企业财务信息化平台架构示意图。

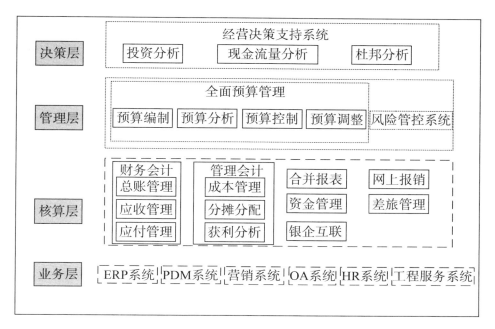

图9.7 某企业财务信息化平台架构示意图

（七）人力资源信息化

人力资源信息化的核心将人力资源与业务相结合，通过人力资源管理数据化、电子化，使决策分析精准性更高、管控深度更大，促进人力资源资本化。图9.8是某企业人力资源信息化平台架构示意图。

管理组织化：提供弹性的组织结构和优化的人员配置，强化组织管理、岗位设置、团队管理。

组织扁平化：改善跨部门思想信息沟通和交流，实现信息共享。

信息和业务流程的自动化：通常实现人力资源信息化会从最基本的人力资源常规信息和业务流程的自动化和信息化开始，例如：人事管理、福利、考勤、常用流程等，再将企业其他信息化系统与人力资源系统集成，从而实现人力资源数据的准确、安全和动态更新，提升人力资源流程办理效率。

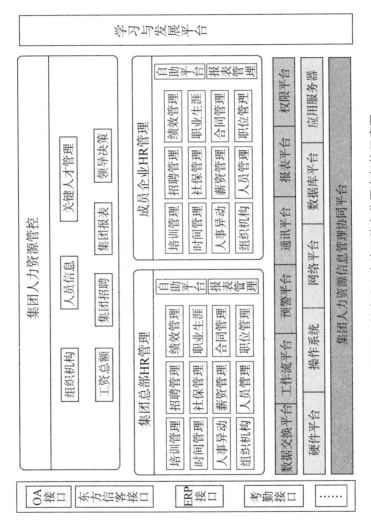

图9.8 某企业人力资源信息化平台架构示意图

决策支持信息化：在基本信息和流程自动化信息化的基础上，逐步为企业业务提供决策支持，例如多角度统计分析各种人员信息、为组织架构、资源配置、绩效考评、价值衡量等提供分析和支持。

培训便捷化：人力资源信息化还可以为员工的培训与能力提升提供便捷化的方式，例如通过 OTO、OMO 等方式，使得培训线上线下结合进行，便于员工随时随地学习，碎片化与系统化结合，学习与能力成长状况实时呈现。

柔性数字化：为了更好地适应企业业务的快速发展和变化，人力资源管理还要逐步做到"柔性数字化"。

五、 企业信息化过程中的关键点

（一） 从源头上定义数据

对企业基础生产要素在源头上的清晰定义是企业实现信息化的基础。

（二） 从一道工序开始实现自动化、数字化

企业要实现信息化和数字化，不是喊口号，需要把最底层的流程建立标准，把最底层的流程和工序都达到自动化、数字化。

企业可以首先从识别一道工序的"人、机、料、法、环、测、安全"开始，围绕这些内容实现这道工序的自动化，再从工序自动化到产线自动化，最后再到整个车间乃至整个工厂的信息化和数字化，这个过程通常会把制造和设计紧密结合，把日常设计和制造业务与管理紧密结合，把实际操作和管理制度紧密结合。

（三）只谈技术，信息化很难成功

企业在实现信息化时，不能只追求技术的先进性，信息化实际上是科学管理框架与企业管理实践相结合的产物，是计算机技术与企业文化相结合的产物，所以企业信息化/数字化是否成功的前提是企业的管理水平是否上升到了一定的水平。这也是国内很多企业，快速上马了 PDM、PLM、ERP 等信息化系统，但是结果却导致了企业整体效率低下的原因。

（四）信息化需要与业务一同在实践中动态发展

信息化不是静态的，需要根据实际的业务使用来不断完善，信息化系统本身需要与业务相互促进，动态发展才会真正给企业带来效益。

例如很多企业上线了 ERP 系统，但 ERP 上线成功只能说整个信息化项目也就成功了 60%。

对于研发环节的信息化更是如此，以 PDM/PLM 为例，PDM/PLM 系统中通常会设置大量的产品结构和产品设计流程，但是如果把这些把流程做成静态的，那 PDM/PLM 上线必然导致了企业效率的低下。PDM/PLM 项目上线成功只能算研发信息化项目成功了 40%，为了更好地满足客户个性化的需求，企业就不得不实现外部产品的多样化，这就要求企业的整个研发过程进行调整，PDM/PLM 不只是上线一个系统，更多是要对企业产品进行合理架构，形成企业的基础产品数据，并在其上进行深度加工，逐渐将其标准化、系列化、模块化，也就是实现"内部模块化和系列化"，这样就可以通过自动选配等方式，有效提升定制化产品的交付效率，也有效降低企业的研发和制造成本，最终带给客户良好的个性化体验。

（五）信息化需要统一规划、分步实施、注意接口

为了避免重复投资，避免不断地推倒重来，所以企业实现信息化通常要先做好统一规划，然后根据业务本身的规模和成熟度以及企业的资金预算来分步实施，这个过程中还要特别关注不同信息化系统之间的接口，例如：各个业务的信息化之间需要交互的数据，需要串接或者分发的流程，需要触发交互的时机，交互过程中的各种安全机制、冲突处理机制等等。

第十章 — 精进模式成熟度

基于企业的实际情况，可裁剪、可配置、可扩充。理论和实践结合，强调给企业带来价值。

现代企业的起源可以追溯到十六世纪的欧洲。长久以来，对一个企业管理和运营水平的评价仅仅体现在财务指标，但后期人们发现财务指标是一种滞后性指标，可以佐证企业发展的过去，但很难预测和代表企业发展的未来。具有高度成长潜力的企业，往往是由隐藏在具有高度迷惑性财务指标背后的精准的战略布局和积极的经营管理活动产生的强大驱动效应而成就的。这就决定了企业管理在企业发展过程中具有非常重要的作用。

精进模式是基于企业本源和本源架构，在管理实践中探索出来的，以客户为中心，以精确创新、持续进步为核心理念，精确识别客户的技术需求、商务需求和客户爱好，打造产品线、行业线、地域线的三线矩阵模式，打造企业在产品、服务、体验的核心竞争力，可盈利地满足客户需求、为客户创造价值的一种现代化企业运营管理模式。

精进模式倡导通过精准的战略布局和全体员工基于业务流程的学习能力，系统地分阶段梳理和提升研发、营销、供应链、制造、财务、质量、人力资源等核心业务职能板块，借助基于业务流程的高效信息化工具，使流程纵向到底，横向到边，打破壁垒，简洁高效。精进管理吸收了国内外先进的企业管理方法，同时结合国内外优秀企业的卓越运营实践提出，帮助企业打造出一个可靠、简洁、适用、健壮的生态体系，敏锐地感知外部生态，并关注整个价值链的构筑，保持企业的持续、良性、高速增长。

精进管理成熟度评估模型正是基于以上核心思想和方法论，从打开企业本源和本源架构入手，全面、精准地反映一个企业真实运营管理水平的评价模型。

一、 精进管理成熟度评估等级

图 10.1 是精进管理成熟度等级示意图，精进管理成熟度等级从低到高依次分为 4 个级别：入门级、成熟级、优秀级和卓越级。

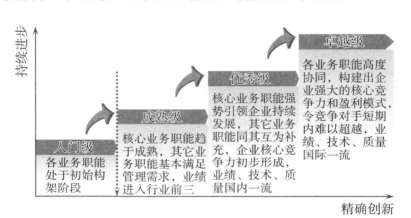

图 10.1　精进管理成熟度等级示意图

二、 精进管理成熟度评估模型构成

精进管理成熟度评估模型共由 9 大板块构成，包括：战略、营销、研发、制造、供应链、质量、财务、人力资源、信息化，每个板块总分为 100 分。每个板块都有细化的评价维度。

精进模式可以根据企业的实际情况进行裁剪，所以精进管理成熟度评估并不要求每个企业都进行 9 大板块的评估，而是根据企业属性和企业规模，来进行评价板块的选择。通常规模越大、业务越综合的企业需要选择的评估板块越多，规模较小的企业甚至可以根据自己的情况只选择对其中个别板块进行成熟度评估。

表 10.1 是精进管理成熟度评估总表，表 10.2 是精进管理成熟度中营销板块的具体评估维度示例。

表 10.1　精进管理成熟度评估总表

板块	板块得分	板块占比/%	成熟度等级
战略			
营销			
研发			
供应链			
制造			
质量			
财务			
人力资源			
信息化			
总分			

表 10.2　精进管理成熟度评估评分：营销板块示例

维度		评级				权重	得分
		4	3	2	1		
M1：营销战略（25%）	1.1 营销战略						
	1.2 组织架构						
	1.3 接口及职责						
M2：营销管理平台（50%）	2.1 市场策划						
	2.2 合同评审						
	2.3 售前支持						
	2.4 合同管理与交付						
	2.5 售后服务						
	2.6 财务						
	2.7 综合管理						

维度		评级				权重	得分
		4	3	2	1		
M3：营销渠道平台（25%）	3.1 市场营销体系						
	3.2 商机管理						
	3.3 销售人员管理						
	3.4 客户接待及关系管理						

三、 精进管理成熟度评估模型价值点

1. 助力企业精确创新，持续进步

精进管理成熟度评估的核心是助力企业通过精确识别行业、客户的需求，提升企业在市场、技术、管理等各方面的创新能力和精确满足客户需求的能力，从而帮助企业逐步打造自身的核心竞争力；通过评估的形式，对企业发展中的方向、路径和瓶颈进行识别并进行明确与改善，从而不断提升企业的定位，保证企业的持续经营和战略性提升。

2. 关注战略因果

没有远期的战略规划会导致企业发展短视，缺乏目标和布局。精进管理成熟度评估模型试图建立战略制定和执行的因果模型，验证和测评战略达成的可能性。

3. 立体化多维度对企业管理进行全面诊断评估

精进管理成熟度评估既对企业经营模式及现状进行宏观审视，又对关键经营维度分项审核，最终抽丝剥茧、综合研判找到影响经营业绩提升的根因，扫除积弊，提出有针对性的、精准的解决方案，并取得立竿见影的效果。

4. 可裁剪、可配置、可扩充

精进管理成熟度评估模型的9大板块涵盖了企业运营的基本业务，可以适用于各种规模和类型企业的整体经营管理状况评估。管理没有对错之分，只有适合的才是好的，所以该评估模型可根据不同的企业规模和发展阶段、所处的行业特性，对9大板块进行适度裁剪和扩充，从而确保其测评结果不失公允，避免生搬硬套，削足适履，把企业的管理引入歧途。例如对于某来料加工型企业来说，就不一定非要评估研发板块。

5. 理论和实践结合，强调给企业带来价值

管理是科学更是实践，精进模式来自于实践又指导实践。精进模式吸收了国内外先进的企业管理理念与方法，融汇集成了国内外优秀企业的卓越运营实践提出，是对满足企业本源需求的运营模式的高度概括，所以，精进管理成熟度评估不仅关注管理的体系和文本，也更多聚焦企业管理实践的实际执行过程，以及取得的经营成果。不论是整体评估模型的板块架构、评估维度设计、还是最终的评审结论，都是围绕企业的核心业务，以能够给企业的经营管理带来价值和业绩提升为目的。